大夏书系·教师专业发展

图解培智学校课程层级目标体系
——特教教师备课指南

李玉影 主编

华东师范大学出版社
全国百佳图书出版单位
·上海·

本书为全国教育科学"十二五"规划 2015 年度教育部重点课题"自闭症儿童义务教育课程设置的实践研究"（课题批准号：DHA150346）成果之一。

编 委 会

顾　　问：郭献文　姜金灿　傅兴春　叶本刚　叶金标　刘　芳
指导专家：邓　猛　申仁洪　许家成　杨中枢　刘全礼　李　芳
　　　　　李玉向
主　　编：李玉影
主要编写人员：
　　　　　谢碧贞　戴英妹　刘　灿　戴丽萍　陈美环　严双妙　李　颖
　　　　　洪亚珍　杨阿芳　许凯丽　魏志坤　黄斐娜　邓丽丽　林彩凉
　　　　　叶海珍　蔡晓敏　陈少萍　叶玉霞　张春黎　杨雅文　周晴雯
　　　　　吴国耀　王文龙　冯郑婷　王亦涵　刘丽芹　蔡静雯　方小英

指导专家签字：

邓　猛（北京师范大学特教系教授，博士生导师）
申仁洪（重庆师范大学教育科学学院院长，教授）
许家成（北京联合大学特殊教育学院前院长，主持全国培智学校义务教育课
　　　 程标准研制）
杨中枢（西北师大教育学院教授，特教系主任，特殊教育专业硕士导师）
刘全礼（北京联合大学二级教授，课程与教学论博士）
李　芳（天津体育学院特教专业副教授，硕士生导师）
李玉向（郑州师范学院特教学院副院长，教授，教育部特教课标审定专家）

目 录

序言一 / 1
序言二 / 5
前 言 / 9

第一部分
国家《培智学校义务教育课程标准（2016年版）》概述 / 1

一、《国家课标》的内涵及目标 / 1
二、《国家课标》的课程设置 / 2
三、《国家课标》的特点 / 3

第二部分
《培智学校课程层级目标体系》概述 / 5

一、《目标体系》的内容特点 / 5
二、《目标体系》的结构说明 / 7

第三部分
培智学校课程层级目标及使用说明 / 9

生活语文 / 9
  ★ 生活语文课程层级目标体系内容与使用说明 / 9
  ★ 生活语文课程层级目标 / 14

生活数学 / 65
  ★ 生活数学课程层级目标体系内容与使用说明 / 65
  ★ 生活数学课程层级目标 / 69

生活适应 / 115
  ★ 生活适应课程层级目标内容和使用说明 / 115
  ★ 生活适应课程层级目标体系 / 117

劳动技能 / 171
  ★ 劳动技能课程层级目标体系内容与使用说明 / 171
  ★ 劳动技能课程层级目标 / 174

唱游与律动 / 221
  ★ 唱游与律动课程层级目标体系内容与使用说明 / 221
  ★ 唱游与律动课程层级目标 / 225

绘画与手工 / 269
  ★ 绘画与手工课程层级目标体系内容与使用方法 / 269
  ★ 绘画与手工课程层级目标 / 272

运动与保健 / 309
　　★ 运动与保健课程层级目标体系内容与使用说明 / 309
　　★ 运动与保健课程层级目标 / 315
信息技术 / 362
　　★ 信息技术课程层级目标体系内容与使用说明 / 362
　　★ 信息技术课程层级目标 / 366

参考文献 / 403
后　记 / 409

序言一

在现代学校教育中,课程既是落实教育目标的重要途径,又是组织教育活动的主要依据,更是集中体现和反映教育思想的载体。课程标准是国家用于指导课程教育的纲领性文件,它阐明了课程的基本理念、课程目标、课程内容、实施建议,对学生不同阶段的课程学习提出基本规范和质量要求。

2011年,我国颁布了新修义务教育课程标准,它涵盖了小学一年级到初中三年级的所有学科。为了贯彻、落实《国家中长期教育改革和发展规划纲要(2010—2020年)》和《特殊教育提升计划(2014—2016年)》,推进特殊教育的发展,教育部组织全国特殊教育界、课程领域的专家学者和特殊学校的一线教师,对盲、聋、培智学校的课程标准进行研制、修改,于2016年12月正式颁布了42门三类特殊教育学校义务教育课程标准(盲校18门、聋校14门、培智学校10门)。正如当时负责这项工作的教育部基础二司巡视员李天顺同志所说:"新课程标准凝集了全国600多名研制专家和成千上万特教同仁的心血,是他们用爱心和责任,共同铸就了这座中国特殊教育的历史丰碑,可喜可贺!"

特殊学校课程标准颁布两年来的实践证明,这一重要的举措对指导特殊学校的课程建设、提高特殊教育学校的质量、促进特殊儿童的发展发挥了明显的指导作用。但是,伴随我国融合教育的发展,对如何处理特殊学校课程标准与普通学校课程标准的接轨,保持特殊教育学校课程标准相对独立性之间的关系,面对中重度智力障碍学生的增加与不同类型智力障碍学生之间的个体差异来体现课程标准的思想性、科学性、适宜性等提出了更高的要求。

在智力障碍学生教育方面，伴随"医教结合"与"送教上门"的深入开展，在义务教育阶段不断落实"零拒绝"和"一人一案"中，重度与多重残疾儿童的在读人数明显增加。伴随一定智力障碍的自闭症学生、多重残疾学生增加，如何根据学生身心发展实际情况与地区差异执行《培智学校义务教育课程标准（2016年版）》，在调整中落实各门课程的教育教学目标，就显得更为重要。

近年来，在世界和我国多年的培智学校义务教育课程教育、教学实践中，一直存在两种不同的教育教学理念和倾向，即以课程为主轴的教学倾向和以活动为中心的教学倾向。研制培智学校课程标准的过程中，编写组经过充分论证，最后确定了为三类残疾学生提供比较系统的学科知识，培养运用学科知识的能力，也最大限度地吸收了两种教学理念的优势。编写组清楚地认识到，义务教育阶段的学校教育与非义务教育阶段幼儿园教育的目标性质与内容的区别，需要凸显课程教育的指导性，但也不排斥活动教学的指导性。尤其是对重度智力障碍儿童而言，有必要通过一定的参与性游戏活动，灵活学习和牢固掌握不同水平的学科知识与内容。

由福建省厦门市教育科学研究院组织的特教学校骨干教师、高校特教专家以及普通教育学科教研员组成的学科专家团队共同编写的《图解培智学校课程层级目标体系》一书从上述原则出发，结合本地区教育教学经验，根据培智学校同一学段的学生个体之间智力水平与学习能力的差异程度，对国家培智学校义务教育低、中、高三个学段的课程目标进行调整，细化为九个水平。本书研制的目的十分明确，旨在帮助一线教师按照学生个体的实际情况，参考相对应的能力水平层级，制订个别化教育计划、学科计划、课时计划，选择相应的教学内容和策略手段，实施实质性的个别化教育，落实国家对特殊教育"一人一案"的要求。

从结构上看，本书主要包括三个部分。第一部分，为国家《培智学校义务教育课程标准（2016年版）》概述，对国家课程标准中的课程目标和内容进行分析与概括。第二部分，对本书中的目标体系内容特点和结构进行说明。第三部分对八门学科课程目标体系的内容和使用方法进行阐述，包括国家课标中的七个一般性课程和选择性课程中的信息技术学科。本书参照国家课标学科分类的要求编制，可适用于分科、综合及二者结合等多种课程实施形式。

本书从纵向和横向两个维度呈现课程层级目标。纵向层级是一个半开放的结构，从L4—L12的九个纵向层级，指向学生的能力水平。具体地说，L1—L3层级设计充分考虑到部分极重度智力残障学生在某些学习领域可能无法完全达成国家课标，为这些学生的学习预留一定的机动性的目标空间；L12以上不设上限，为在某些学习领域具有突出发展潜能的学生预留更高水平的学习目标空间。

横向层级指向不同学习领域的目标内容。具体地说，思维导图中的一级指标表明学习领域；二级指标表明学习领域下的目标指标项目，可作为个别化教育计划长期目标参考；三级指标表明细化的各目标指标项目的具体标准，可作为单元或主题教学目标参考；部分学科的四级指标可作为课的教学目标参考。不同课程的同一级指标的字体和外框一致，便于跨学科查阅参考相关指标。

这种纵横交错的课程层次目标体系，有助于面对不同类型特殊儿童的一线教师更好地根据学生个体的实际情况，直接参考九个能力水平中相对应的层级因材施教，制订个别化教育计划、学科计划、课时计划，选择相应的教学内容和策略手段，提高不同程度的智力障碍儿童的学习能力，促进儿童认知、情感与适应环境能力的发展。

本书的特色与创新之处在于：

一是在培智课程标准的贯彻实施方面具有前瞻性和实用性。为了适应融合教育发展趋势，提高随班就读的质量，更好地满足轻度智力障碍学生学习的需要，课程目标体系参照了普通学校义务教育课程标准，为随班就读教师的个别化教育计划的制订和实施提供教育教学目标参考，进一步打通和拓展普通教育与轻度智力障碍儿童的特教课程的联系通道，为特殊儿童在普通学校的教育安置提供了学习内容的多种选择，充分发挥资源教室在"最少限制环境"中的功能，提高了融合教育背景下随班就读的质量。

二是与国家颁布的培智学校义务教育课程标准在思想性和原则性上保持

高度的一致，在课程设计和教学实践方面既凸显了学科知识内在的联系，又强调地域和生本的实际需求；在学科设置上既体现了与国家课标共性，又在分层级与分模块上凸显了弹性化教学与因材施教的特点，兼顾了各类智力障碍儿童的缺陷补偿与潜能发挥的教学需要。

三是采用学科思维导图技术作为表现形式，融入各学科的思维规律、学科特点，通过可视化、结构化、条理化的形式，呈现各层级、各模块、各目标指标之间的逻辑关系，实现形式与内容的和谐统一。

四是在研究过程中采用文献研究法、专家意见征询法、数据统计分析法等多种科学研究的方法与技术。在广泛阅读分析国内外相关文献的基础上，构建目标体系的理论框架与逻辑结构，邀请来自北京师范大学、重庆师范大学、西北师范大学、郑州师范学院、天津体育学院、北京联合大学等高校和台湾特殊教育界的特殊教育专家，以及普通教育学科教研员作为顾问，定期为项目研究组开展主题讲座，参与会议讨论，提出建设性的建议。同时，通过数据统计分析法，收集专家对指标重要性和适应性的评分，遵循德尔菲法的原则与程序，对每条指标的科学性进行测算，及时调整，形成科学、严谨、规范的课程目标体系。

无论是特殊教育课程标准的研制还是实施，都是一件专业性强、复杂度高、难度很大的工作。在深入解读培智学校与普通学校课程标准，总结两年来实施特殊学校课程标准的经验，密切结合我国智力障碍学生教育发展趋势与一线教学实际的基础上，编制而成本书。它充分体现了课程标准的科学性、适应性、时代性与前瞻性，是一本难得的教学指导用书。我相信，本书一定能在我国智力障碍学生分科与综合教学的实践中不断完善，有效地帮助我国一线教师更有效地开展培智教育，提高教学质量，促进各类智力障碍儿童的发展。

华东师范大学终身教授　方俊明

2019年1月26日于上海

序言二

世上本无路，走的人多了就成了路。这一逻辑似乎也适合课标的制定与实施。世上本无课标，上课的人多了就有了课标。近年来，全球范围内关于课程标准及国家课程体系的研究与实践不断强化。国家课标与校本课程的关系也越来越复杂，相辅相成抑或冲突对立，理论界争鸣不止，基层实践莫衷一是。事实上，20世纪80年代以来，美国基础教育领域兴起基于课程标准的改革（standards based reform），强调课程标准的统一化，培养学生的学术能力。2001年颁布的《不让一个儿童落后法案》（*No Child Left Behind*，NCLB），明确要求建立统一的课程标准和相应的执行程序；同时，"加强地方教育当局的控制权和自由度"，在课程内容上必须能够适应当地的具体情境。《英国国家课程框架》（2013）明确指出，国家课程是学校教育的基础，目的在于为教师提供一个需要教授的核心知识概要，给学生提供最基本的教育内容；至于如何组织实施课程以达到国家课程的内容要求，完全是学校的自由。显然，学校应拥有高度的自由去组织和调整课程，但这不意味着国家课程的重要性下降了；相反，学校灵活地发挥自身创造性，因地制宜地进行校本课程的开发与实施，正是为了更好地实现国家课程规定的目标。

特殊教育的情况似乎更加复杂。我国特殊教育起步晚，长期以来的主要工作是提高残疾儿童少年入学率，对课程及教学的研究与实践改革重视不够。就培智教育而言，我国培智学校自20世纪80年代才开始创建，许多学校甚至是新世纪才出现的。培智学校课程理论与实践体系的建设仍然处于起步阶段，教学方法落后、教材缺乏和老化的问题日益突出。一些特殊教育学校甚至因为教材缺乏而出现盲目设置课程、随意开课的现象。许多培智学校还面临自闭症、多动症、脑瘫等类型残疾儿童带来的教学挑战，课程与教材问题更是突出。因此，培智学校课程与教学的基本建设是当前面临的最主要问题。培智学校课程从一开始就是校本的，因为国家并没有就培智学校课程进行明确规定，上什么课、怎么上、用什么上，都不是很清楚。20世纪90年代的新课程改革之风最初也没有吹到特殊教育领域。各地培智学校都是土法上马、各显神通，各种地方课程、校本教材轰轰烈烈，层出不穷。虽然的确存在良莠不齐的现象，却也大浪淘沙，涌现了不少的精品课程与教材，起到示范推广的作用。

2016年，盲、聋、培智三类特殊学校国家课程标准十余年磨剑，终于完成并颁布实施；随之而来的是，人教版的系列统一教材也在编制之中。一切按课标进行，课标成为尚方宝剑，各种课标解读及落实的培训络绎不绝。更有相关课程专家明确指出：课标乃是终极目标，必须百分之百地落实。几十年的校本课程与教材的开发研究似乎即将走入死胡同，只需按照课标执行就可以了。然而，各地资源条件不同，各地学校特色不同，各地学校师资不同，各地学校学生不同，差异如此显著，统一似乎难以实现。即使是课标本身的文本，其包含的信息也存在着模糊性与不确定性。例如，培智学校生活语文课标中的阅读部分，就有"对书感兴趣，能模仿成人的样子看书"的规定。显然，对"成人的样子看书"中"成人的样子"的理解各有不同，难以统一规范。另外，"能以基本正确的阅读姿势阅读"等规定也充满了不确定性。这些都需要教师根据具体情况进行创造性的探索与实践。因此，课标的历史贡献在于总结了国内几十年特殊教育研究与实践的经验，自上而下对特殊教育学校课程进行初步规范，确立最基本的原则与要求。课标并非终极目标，恰是我们出发的起点；课标自上而下进行规范与引领，需要基层学校自下而上进行校本实践与改革。国家标准与校本课程需要相辅相成，相得益彰。

这正是一年多来厦门市特殊教育做的事情。厦门市特殊教育界在教研员李玉影老师的带领下，以国家课标为引领，从地方实际需求出发，构建具体化、层次化、系统化的特殊教育学校课程目标体系。课题研究采用行动研究法、德尔菲法、调查法等方式，将国家课程与个别化教育目标相联系、个别化教育目标与具体学校教学目标相关联、教学目标与教育评价相结合、教育评价与课堂教学相链接。在国家课标的基础上，对目标指标进行调整和细化，并按照学生的发展规律与发展水平进行更加细致的层级划分，制订个别化教育计划、学科计划、课时计划，选择相应的教学内容和策略手段，落实国家对特殊教育"一人一案"的要求。

具体内容在书稿中得到了明确的展现，本人在这里不欲浪费笔墨赘述。本人深感荣幸的是，见证了这一有意义的实践探索过程，指导了这一复杂、严谨的研究项目。记得多次与厦门市特殊教育团队研讨问题，分析文献，观摩课堂，观点交锋。在这一过程中，本人受益匪浅，因为实践永远是最好的老师。今天，能看到这项研究的初步成果得到出版，感到由衷的喜悦。相信这些成果，能够为中国特殊学校课程建设添砖加瓦，为国家课程校本化的争论或者探索增加某些有益的元素。当然，更重要的是，这一过程中，一批特殊教育骨干得到成长与锻炼，教研成果不断涌现，最终落实到特教课堂，造福于有特殊教育需要的学生，提升教研质量。本人也非常荣幸地受邀为此书作序，感觉力有不逮，谨以从前写过的一首小诗《特教人》作结尾，并与厦门市及相关人士共勉：

总把我意比天心，
呕心沥血为育人。
应信教化力量大，
特教园丁不了情。

2019 年 1 月 25 日于北京

前言

美丽的鹭岛，氤氲着开拓奋进的气息。一代又一代的厦门特教人，在本市60年的特教发展进程中摸索前进，见山开山，见河搭桥。在我国基础教育课程改革的浪潮中，厦门特教踏浪前行。特别是在第二轮课改中，厦门市思明区、同安区等特教学校开展了培智学校课程教学改革，进行培智学校生活类课程、生活语文、生活数学、劳动技能等校本课程的开发与实践研究，编写并推广部分学科年级课程目标和教材。这些课程目标和教材为全市培智教育教学的规范化、科学化发展奠定了基础。随着时代的发展，特殊教育理念和教育对象都发生了巨大变化。这些教材逐渐不适应特殊教育的发展趋势，在使用过程中出现了较严重的不适应性，直接影响了教学质量的提高。义务教育阶段不断落实"零拒绝"和"一人一案"，特教学校中重度与多重残疾儿童的在读人数明显增加，对特教学校的课程教学提出新的挑战。随着融合教育的发展，普通学校随班就读已成为特殊教育的主体。为随班就读教师的个别化教育计划的制订和实施提供教育教学目标参考，进一步打通和拓展普通教育与轻度智力障碍儿童的特教课程的联系通道，为特殊儿童在普通学校的教育安置提供学习内容的多种选择，提高融合教育背景下随班就读的质量，尤为重要。基于十几年来的研究基础和实践经验，进一步开展特殊教育课程教学改革，已然迫在眉睫。

厦门市各级政府、社会各界高度重视特殊教育。厦门市教育局坚持把特殊教育作为教育的重要组成部分，严格落实特殊教育的相关政策和文件精神。在第一期特殊教育提升计划的实施过程中，市教育局会同其他部门，从配备专职的市级特教教研员、出台政策、划拨经费等方面给予大力支持，推动特殊教育的优质发展。

2016年以来，厦门市的特殊教育进入快速发展阶段，特教师资队伍建设和课程教学改革进入深水区。2016年秋季，在市教育科学研究院的组织下，全市6个区和1个市直属特殊教育学校的全体教师以学科方向为基础组建8个教研组，定期开展教科研活动，以适应各区特校优势互补、区域特教均衡发展、教师专业术有专攻、学生教育需要多元复杂的实际需求。2016年12月，国家三类特殊教育课程标准（下称"国家课标"）颁布实施。市教育局委托市教科院开展全市特教教师国家课标的理论与实践培训。《第二期特殊教育提升计划（2017—2020年）》提出"完善特殊教育质量监测制度，探索适合残疾学生发展的考试评价体系"的要求。市教育局郭献文局长提出，要以特殊教育质量监测为抓手提高全市特殊教育质量，基础教育处原副处长姜金灿亲自落实相关研究项目。

在课标的教学实践过程中，我们发现，特殊教育同一学段的学生个体差异显著，国家课标按低、中、高三个学段划分设置的目标需要更大的弹性处理以适应实际教学。国家课标指标体系需要按照学生的发展规律与发展水平进行调整和细化，供一线教学人员按学生个体的实际情况进行参考，制订个别化教育计划、学科计划、课时计划，选择相应的教学内容和策略手段。2017年，经过8个特教教研组的努力工作，厦门市特殊教育质量提升改革实践项目提上讨论议程，并于2018年年初由市教育局发文立项，由市教科院组织实施，重点开展培智学校课程教学改革，结合我市正在开展的"自闭症儿童义务教育课程设置的实践研究"等课题研究工作，进行课程目标体系和教学质量评价体系建设的理论与实践研究。一年多来，8个教研组100多名骨干教师，迎接国家课标带来的欣喜，面对国家课标和上级管理部门高标准要求的挑战，迎难而上，与高校专家、普通教育专家组成团队，以思明区、同安区、海沧区的特殊教育学校为研究基地，因地制宜，辛勤探索，凝结智慧，取得了阶段性成果，形成了本书。

本书主要分为三部分。第一部分是对《培智学校义务教育课程标准（2016年版）》中的课程目标和内容进行分析和概括；第二部分对本书中的课程层级目标体系内容特点和结构进行说明；第三部分对培智学校8个学科课程目标体系的内容和使用方法进行了进一步阐述，并以思维导图的形式具体呈现各课程的层级目标体系。内容涉及的8个学科包括国家培智学校义务教育课程标准中的7个一般性课程和选择性课程中的信息技术学科。本书中的课程层级目标体系参照国家课标学科分类的要求进行编制，但可适用于分科、综合及二者结合等多种课程实施形式。编制的过程中采用了行动研究法、德尔菲法、调查法等方法，内容上注重科学性、适应性、时代性与前瞻性，结构上，按学科以分层级、分模块的形式呈现，将有助于面对不同类型特殊儿童的一线教师更好地根据学生个体的实际情况，直接参考九个能力水平中相对应的层级因材施教，制订个别化教育计划、学科计划、课时计划，并选择相应的教学内容和策略手段，有助于不同程度的智力障碍儿童学习能力的提高和儿童的认知、情感与适应环境能力的发展。

编写人员中，我主要负责项目研究的策划、过程引导、资料收集、成果梳理、书稿主要框架内容编写，参与全书各模块文稿编写修改和思维导图编制，完成全书统稿工作，负责字数超过10万字。刘灿（生活语文）、严双妙（生活数学）、杨阿芳（生活适应）、黄斐娜（劳动技能）、叶海珍（唱游与律动）、叶玉霞（绘画与手工）、谢碧贞（运动与保健）、王文龙（信息技术）等老师分模块主要负责，蔡静雯、方小英参加研究，协助梳理研究成果和统稿。

厦门市特殊教育质量提升改革实践项目的研究与实践工作，市教育局、市教育科学研究院相关领导在时间与经费等方面给予大力支持。北京师范大学邓猛教授全程指导项目的策划与研究，重庆师范大学申仁洪教授、西北师范大学杨中枢教授用心指导项目研究的路径，北京联合大学许家成和刘全礼教授、天津体育学院李芳副教授、郑州师范学院李玉向教授等特教专家对研究内容和步骤给予悉心指导，中国教育科学研究院颜廷睿博士后在研究过程和研究成果整理中给予了无私的支持,北京师范大学杜林、王琳琳、侯雨佳等博士在研究过程中,特别是相关数据的统计分析工作中给予了我们很多帮助。借本书发行之际,一并向他们表示衷心的感谢!

  本书编写受研究团队能力和时间等相关因素限制,虽几经补充和修改,还会存在一些问题,敬请读者在阅读和使用中提出宝贵意见,使其更加科学和完善,在此先致谢!

李玉影

2019 年 1 月 23 日

第一部分

国家《培智学校义务教育课程标准（2016年版）》概述

2016年，教育部颁布了《培智学校义务教育课程标准（2016年版）》（以下简称《国家课标》）。《国家课标》是新时期培智学校义务教育课程改革实践成果的重要组成部分，也是培智学校开展教育教学工作的重要依据。

一、《国家课标》的内涵及目标

课程即教育内容，包括教育内容的选择和教育内容的组织。《国家课标》在选择教育内容时，探寻有"中国线索"的课程思想：追溯教育家陶行知指出的教育应以"育人为本"及著名儿童教育家陈鹤琴的"活教育"思想。培智学校以"育人为本""立德树人"为理念，在教育内容的组织形式上，改变传统课程运作模式，挑战课程分科的传统思维方式，强调多种课程形态并存的现代动态课程运作，包括IEP/ISP、教学活动设计和开放立体的教学等。

近年来，我国培智学校的服务对象发生重要变化，已经不再是单一的智力障碍（残疾）学生，越来越多的自闭症、脑瘫儿童及其他发展性障碍儿童进入培智学校。因此，《国家课标》提出的培养目标不仅是面向培智学校的智力落后学生，而是面向在校所有残疾类别的学生。其培养目标的核心在于让学生适应生活，提高生活质量，形成初步的思维能力及获得情感、态度和价值观的发展。这是解读和理解课标的重要起点。

二、《国家课标》的课程设置

1. 课程类别设置。

《国家课标》立足培智学生的发展需求，根据课程设置的原则，构建了由一般性课程和选择性课程组成的培智学习课程体系。一般性课程体现对学生素质的基本要求，包括"生活语文""生活数学""生活适应"等7门课程，着眼于学生适应生活、适应社会的基本需求。选择性课程则着眼于学生的个别化发展需要，注重学生的潜能开发和缺陷补偿，包括"信息技术""康复训练"和"艺术休闲"3门课程，强调给学生提供高质量的服务，体现了针对学生发展差异的弹性要求。

2. 课程目标设置。

《国家课标》中，各个学科的课程目标基本上分为总目标与分目标。分目标有两种呈现形式，一种是按学科体系的领域划分，在各领域目标下按照低（1—3年级）、中（4—6年级）、高（7—9年级）三个学段撰写目标。另一种是以培智义务教育三个学段划分，在每个学段中按领域撰写目标。这两种目标设置的呈现形式有以下共同点。

（1）纵向层级把学生的能力水平划分为低、中、高三个水平，为教育教学提供了较大的弹性空间。

（2）横向层级上，各个学科的细化程度略有不同。一级指标为学科体系中的学习领域，有的学科（如绘画与手工等）仅在此层面阐述，未往下一级细化；二级指标为学习领域下的学习项目指标，有的学科（如生活语文等）将学习领域下的指标进行细化，作为个别化教育计划长期目标参考。

教育部发布的《国家课标》主张学校应全面推进个别化教育，为每个培智学生制订和实施个别化教育计划。目前，我国的培智学校已逐渐成为综合性特殊学校，包含多种障碍类型的学生。除了智力障碍学生之外，还有自闭症、脑瘫、学习障碍和多重障碍学生等，培智学生障碍程度也有轻、中、重乃至极重度之分。每一个残疾学生在各个发展领域都有显著的差异，这些差异很难用一个既定的标准去衡量。因此，《国家课标》为拟订个别化教育计划提出了挑战。

三、《国家课标》的特点

1. 整体性。

培智学校《国家课标》是一个整体的育人目标体系。每一个学生都是义务教育的权利主体,享有自己的受教育权利。

《国家课标》以儿童的发展作为起点,课标与学生的实际水平相结合,让课程去适应学生,在建立整合的课程机制时关注培智学校课程与幼儿园发展指南(五大领域)、义务教育课程标准(分科课程)的内部关联及课程衔接。国家课标以生活为核心,构建了生活语文、生活数学和生活适应三大生活课程,还有音体美劳等课程以及信息技术、康复训练等作为支持,展示了培智学校课标具有丰富的课程元素,为学生提供了广阔的发展空间。

2. 有效性。

《国家课标》的有效性体现在将课程目标通过个别化教育落实到每个学生,为每个学生量身定制教育计划,即"一生一案"。利用它制定课程本位的测评工具,用于培智学校的教育教学实践中,保障学生在个别化教育中获得有效的教育。

3. 灵活性。

《国家课标》要求课程具有灵活性,课程的运行形态也要进行组织变革,将国家要求和地方特色相结合,适应学生的个体差异。《国家课标》的一般性课程和选择性课程为课程调整带来了灵活性,同时采用个别化教育为有显著差异的学生提供服务。

在《国家课标》的基础上,还可根据地方特色、校本特色开发具有本地特色的校本课程,充分体现了课程的灵活性,满足学生的特殊需求。

◎第二部分

《培智学校课程层级目标体系》概述

《培智学校课程层级目标体系》(以下简称《目标体系》)是以落实教育部2016年发布实施的国家课标为依据,深入分析和借鉴国内外相关研究成果,广泛征求专家和一线骨干教师意见的基础上,结合培智学校学生的身心发展特点编制而成的。《目标体系》的编写在内容上注重科学性、适应性、时代性与前瞻性;在结构上,按学科以分层级、分模块的形式呈现。

一、《目标体系》的内容特点

1. 研制内容具有时代性。

国家课标的颁布意味着特殊教育课程改革进入新时期,对培智学校的课程实践提出新要求。《目标体系》参考借鉴了国家课标,在思想性和原则性上保持一致,在设计和实践方面强调地域与校本的实际需求;在学科设置上,既与国家课标有共同性,又在分层级与分模块上凸显了《目标体系》弹性化的特点。《目标体系》采用学科思维导图技术作为表现形式,融入了各学科的思维规律、学科特点及学生的身心发展特征,以可视化、结构化、条埋化的形式呈现各层级、各模块、各目标指标之间的逻辑关系,实现形式与内容的和谐统一。

2. 研制过程具有科学性。

《目标体系》在研究过程中采用文献研究法、专家意见征询法、数据统计分析法等科学研究的方法与技术。在广泛阅读分析国内外相关文献的基础上，构建《目标体系》的理论框架与逻辑结构，邀请来自北京师范大学、重庆师范大学、西北师范大学、郑州师范学院、天津体育学院等高校及台湾特殊教育界的特殊教育专家作为顾问，定期为项目研究组开展主题讲座，参与会议讨论，提出建设性的建议。同时，通过数据统计分析法，收集专家对指标的重要性和适应性评分，遵循德尔菲法的原则与程序，对每条指标的科学性进行测算，及时调整，形成科学、严谨、规范的《目标体系》。

3. 《目标体系》具有适应性。

《目标体系》的制定遵循国家的教育方针，以潜能开发与缺陷补偿理论为指导，旨在满足残疾学生适应生活、参与社会、提升生活质量的需要。项目研究组是由福建省内外特教学校骨干教师和高校专家组成的学科专家团队，系统参与各学科目标指标和标准咨询的访谈研究与问卷调查，作为指标体系制定的重要依据。目标指标的选定源于一线教学，最终也将运用于一线课堂。同时，各层级、各模块的目标指标将与个别化教育计划的长短期目标连接，对个别化目标的制定提供参考依据，并直接运用于课堂教学目标、内容与教学方法的设计。

4. 《目标体系》具有前瞻性。

融合教育是特殊教育的发展趋势，普通学校义务教育的课程标准不一定适用于随班就读的特殊学生。《目标体系》参照了普通学校义务教育课程标准，针对学生的不同特点，设计不同水平的学习目标。这既满足了不同层次学生的学习需求，为融合教育提供了普教与特教课程的联系通道，也为特殊儿童的教育安置提供了学习内容的多种选择，为他们在"最少限制环境"中接受教育提供了条件和可能性。

二、《目标体系》的结构说明

1.《目标体系》的内容结构。

《目标体系》主要包括三个部分。第一部分国家《培智学校义务教育课程标准（2016年版）》概述，主要对国家课标中的课程目标和内容进行分析与概括。第二部分《培智学校课程层级目标体系》概述，对本书中的目标体系内容特点和结构进行说明。第三部分对8门学科课程目标体系的内容和使用方法进行说明，并以思维导图的形式具体呈现各学科课程目标体系的结构及其逻辑关系。8门学科包括国家课标中的7门一般性课程和选择性课程中的信息技术学科。《目标体系》参照国家课标分学科的要求编制，但可适用于分科、综合及二者的结合等多种课程实施形式。

2.《目标体系》的结构特点。

（1）纵向能力水平特点。

纵向层级指学生能力水平，包含L4—L12九个层级。国家课标的教学实践过程中，发现特殊教育同一学段的学生个体差异显著，国家课标按低、中、高三个学段划分设置的目标需要更大的弹性处理以适应各地实际教学。因此，在国家课标的基础上，对目标指标进行调整和细化，按照学生的发展规律与发展水平，用九个层级划分。教师按学生个体的实际情况连接参考对应的能力水平，制订个别化教育计划、学科计划、课时计划，并选择相应的教学内容和策略手段。L1—L3层级为部分因极重度残障而在某些学习领域无法达成国家课标的学生预留目标空间。L12以上不设上限，为在某些学习领域具有突出发展潜能的学生预留更高水平的学习目标空间。纵向能力水平是一个半开放的结构。

（2）横向目标内容特点。

横向层级指不同学习领域的目标内容层级。思维导图中的一级指标指学习领域。二级指标指学习领域下的目标指标项目，可作为个别化教育计划长期目标参考。三级指标是细化的各目标指标项目的具体标准，可作为单元或主题教学目标参考。部分学科的四级指标可作为课程的教学目标参考。不同课程同一级指标的字体和外框一致，便于跨学科查阅参考相关指标。横向目标内容层级如下图所示。

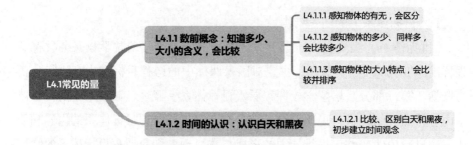

（该图截取自生活数学课程目标体系水平 L4 级"常见的量"领域中的目标）

第三部分
培智学校课程层级目标及使用说明

生活语文

生活语文课程层级目标体系内容与使用说明

生活语文课程层级目标体系（以下简称"语文目标体系"）是依据教育部2016年发布的《国家课标》而研制的，遵循普遍性与特殊性、发展性与功能性相结合，工具性、人文性与生活性相统一的课程理念，体现"生活为本，兼顾人文；关注差异，提供支持；听说领先，实践取向"的生活语文课程特点。语文目标体系在思想与原则上与《国家课标》保持一致，在保证目标体系的科学性、适切性和发展性的同时，也体现了培智学校生活语文课程的区域性特点。

生活语文课程层级目标体系的内容说明

第一，语文目标体系吸纳了我国基础教育课程改革的精髓，把融合教育理念融入课程目标，同时借鉴了《义务教育语文课程标准（2011年版）》《3—6岁儿童学习与发展指南》《双溪个别化教育课程》以及台北《高级中等以下学校特殊教育课程大纲暨相关配套实施与应用手册》等相关课程文件，增强培智教育与普通教育课程之间的联系，顺应了国际教育领域中普通教育课程与特殊教育课程渗透融合的趋势。

第二，语文目标体系兼具发展性与功能性。首先，语文目标体系着眼于儿童身心发展的关键里程碑，将儿童语言的发展规律作为课程目标选择的依据。课程目标的编排按照由易而难的顺序，符合7—16岁中、重度智障学生的身心发展规律。针对学生的不同特点，设计不同水平的学习目标，满足不同层次学生的学习需求。例如，在"阅读与写作"领域中，对于同一目标，"阅读环境中常用信息符号"可以将其分解成三级水平，由易到难，满足不同层次学生的学习需求（见下表）。

领域	二级目标（学年目标）	三级目标（单元目标）
阅读与写作	L7.3.2 阅读环境中常用信息符号	L7.3.2.2 能阅读常见的交通标志
		L7.3.2.3 能阅读常见的警示语
	L8.3.2 阅读环境中常用信息符号	L8.3.2.1 能阅读常见的机构名称（如学校、医院）
		L8.3.2.2 能阅读常见的指示牌（如警示标志，公交、地铁符号）
	L9.3.2 阅读环境中常用信息符号	L9.3.2.1 能阅读常见的广告牌

其次，目标设计从生活出发，注重语言的功用，体现"生活为本，实践取向"的特点。例如：L7.1.7.1 能听懂与其生活相关的新闻；L8.1.7.1 能简单讲述生活中的所见、所闻和有趣的事件；L9.1.13.1 参加校园、社区活动、综合活动，能用简单口语或图文等方式表达自己的见闻和想法。目标设计具体，易在活动情境中实施，有利于教师依据本区域生活的特色，评量学生的适应需求，引导学生发展出具有功能性的语言能力。

第三，语文目标体系把情感、态度、价值观的培养与知识能力的培养有机结合，强调激发学生的内驱力和培养学生的兴趣。每一个领域目标之内的每一个单元目标都把学习兴趣、态度、习惯的培养放在重要的位置。例如，L4.2.1.1 能对常见物品、图片有关注兴趣；L4.2.1.2 能关注汉字，萌发识字的兴趣；L4.3.1.1 会对书感兴趣，会关注书等，落实学科育人，促进学生精神成长，成为学习的主人。

第四，语文目标体系实现目标与评量有机结合。由国家课标分解而成的语文目标体系可作为生活语文教学评价体系的基础，它既是课程目标，又是评量学生功能发展水平和制订个别化教育计划的工具。此套目标体系能够有效地帮助教师在教学中贯彻国家课标，实现教育教学过程与个别化教育计划的有机结合，增强教育教学评量的实效性与可行性。

生活语文课程层级目标体系内容的结构

语文目标体系由"概述"与"目标导图"两个部分构成。"概述"简要对语文目标体系的内容、结构以及使用进行相关说明。"目标导图"部分是用思维导图形式呈现的生活语文课程层级目标体系内容。该目标体系内容对国家课标中的"倾听与说话""识字与写字""阅读""写话与习作"和"综合性学习"五个学习领域进行了整合，把综合性学习融入各领域，最终形成"聆听与说话""识字与写字""阅读与写作"三个学习领域（如下图）。

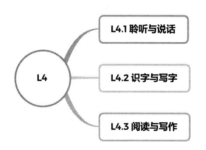

如下图所示，三个学习领域按照国家课标分解成二级指标，可作为学年教学目标参考。二级指标依据学生学习与发展最基本、最重要的内容分解成三级指标。三级指标是细化的各目标指标项目的具体标准，可为单元或主题教学提供目标参考。语文目标体系中有241个二级目标，580个三级目标。

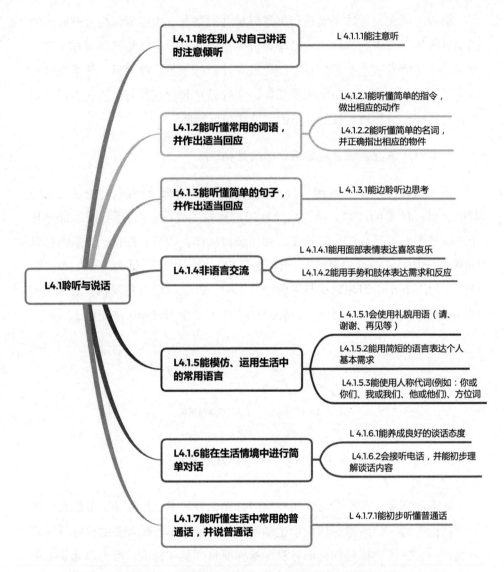

（该图截取自生活语文课程目标体系水平 L4 级"聆听与说话"领域的目标）

语文目标体系根据学生的发展水平，纵向划分为 L4—L12 九个层级。每一个水平（如 L5）依据学生的能力，横向又分为三个层级目标。例如下表，在 L5 的识字与写字领域，三级目标里又有五个纵向的水平，可适应不同能力水平的学生。

领域	二级目标	三级目标
L5 识字与写字	L5.2.5 能认识汉字的笔画	L5.2.5.1 能认识基本的笔画名称，如：丿（撇）、㇏（捺）、亅（竖勾）等
		L5.2.5.2 能了解常用偏旁部首
		L5.2.5.3 能了解笔画笔顺书写规则
		L5.2.5.4 能唱读基本的笔画名称
		L5.2.5.5 能初步了解笔画的间架结构

纵向九个水平相互联系，呈螺旋式上升的态势，最终达成总目标学生发展的总目标，体现培智学校生活语文课程的整体性和阶段性。

生活语文课程层级目标体系的使用说明

语文目标体系将"三大领域"和"九个水平"有机结合，形成导图式目标体系，将国家课标与校本课程目标有机结合，为"目标—评量"的课程模式奠定基础，是国家课标教学实践的重要依据。为了切实发挥语文目标体系的功能，在使用中须注意以下几点。

第一，语文目标体系涉及一般性（基础性）目标与选择性目标，其中带 * 号的目标是选择性的目标，是根据学生潜能开发需要而设计的弹性课程目标。在教学中，教师可根据学生的具体情况选择与调整。

第二，教师在使用语文目标体系进行教学实践时，可根据教学水平、生态环境和学校、学生实际状况等，灵活使用或进行补充。

总之，语文目标体系作为区域课程研究成果，读者应该从学校和学生的实际出发，变通使用以求其效，对其内容进行补充、完善。

生活语文课程层级目标

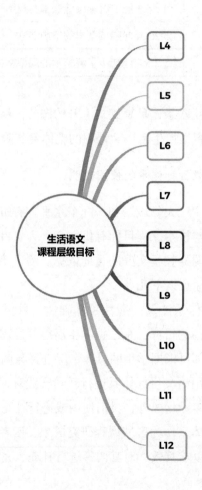

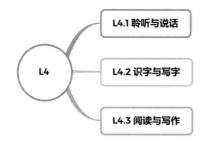

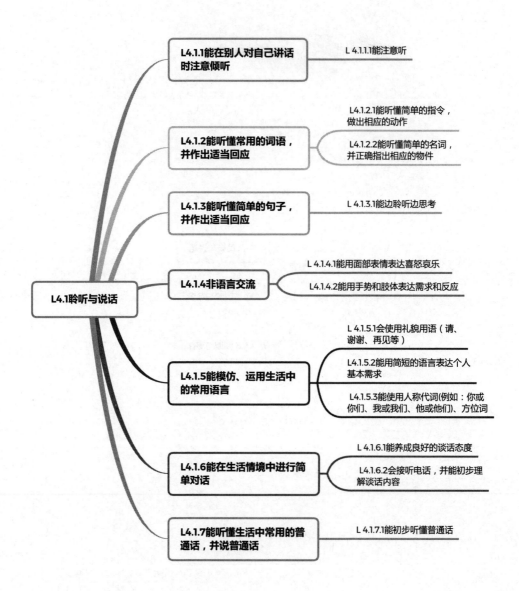

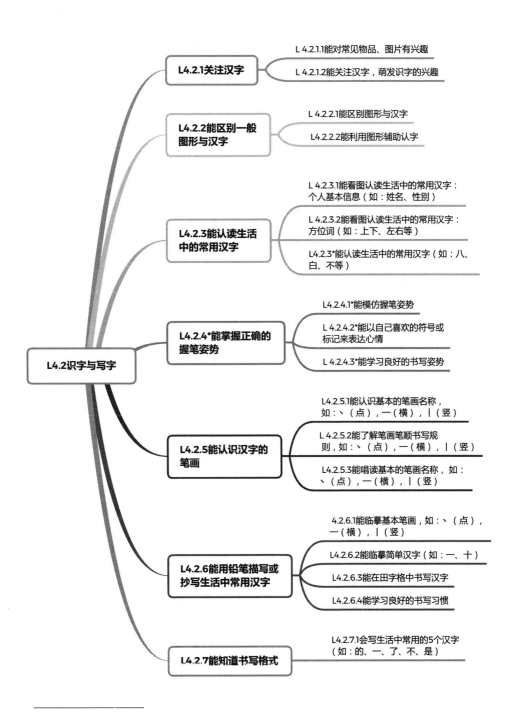

注：带 * 的目标是选择性的目标。

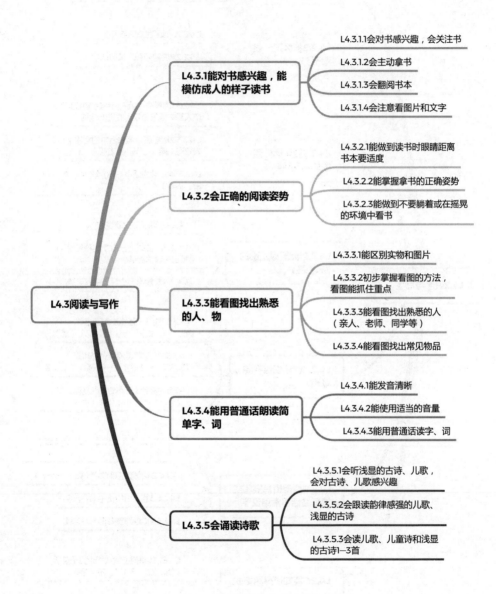

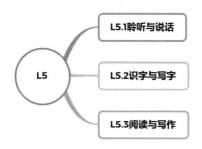

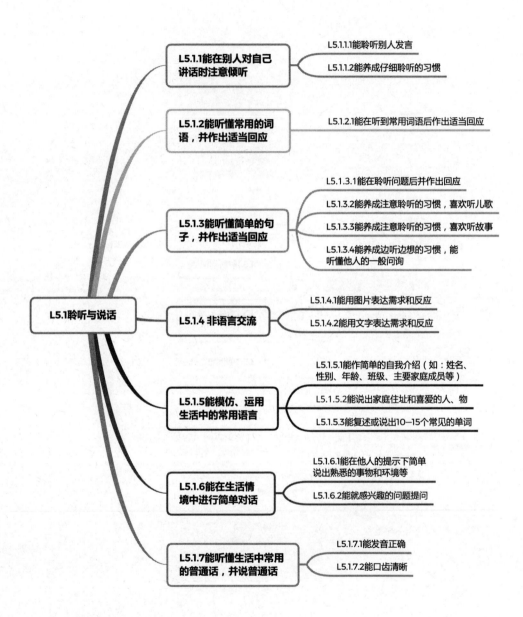

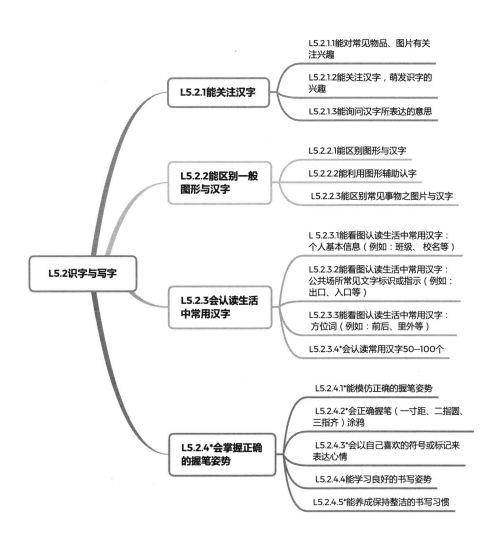

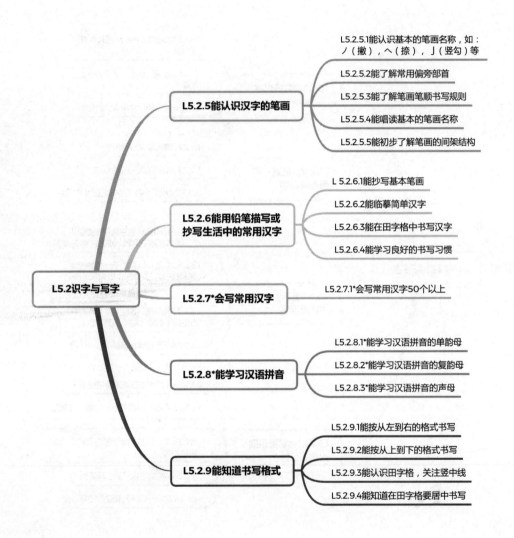

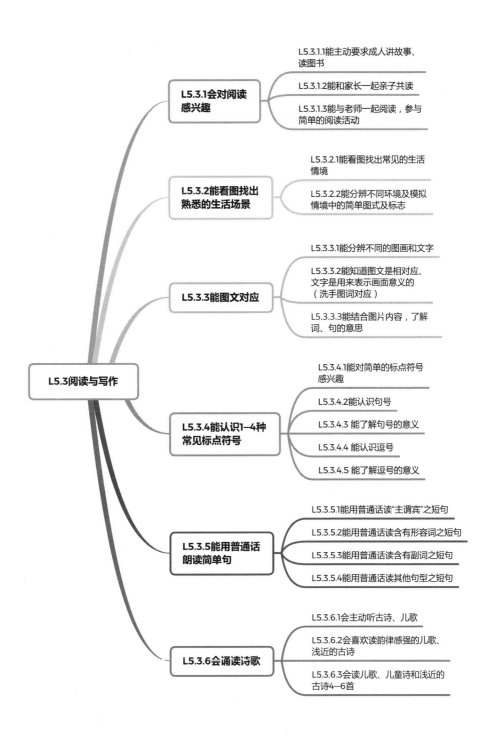

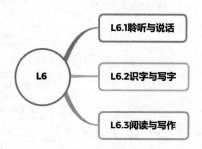

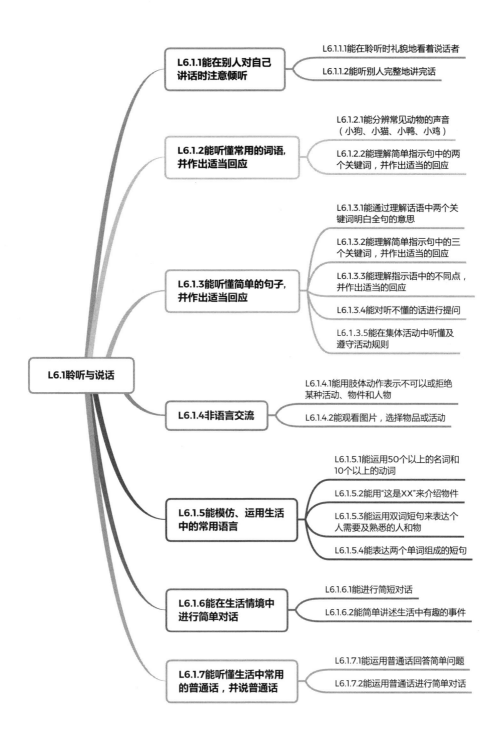

第三部分 培智学校课程层级目标及使用说明

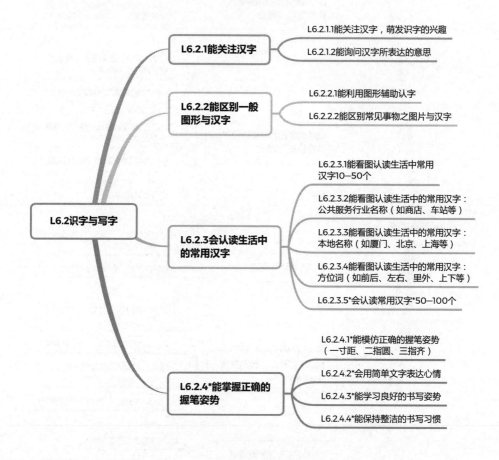

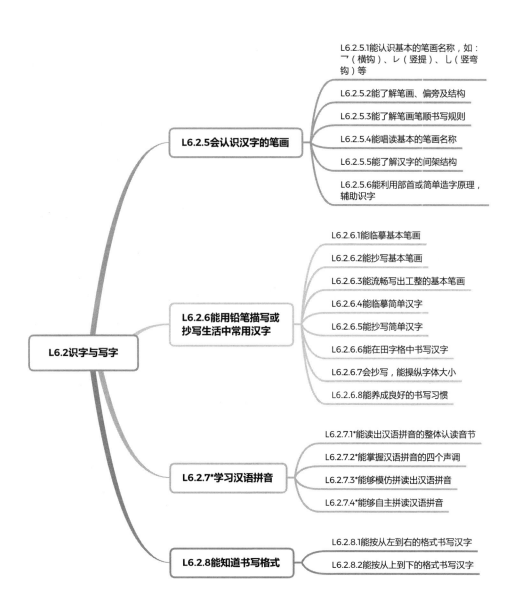

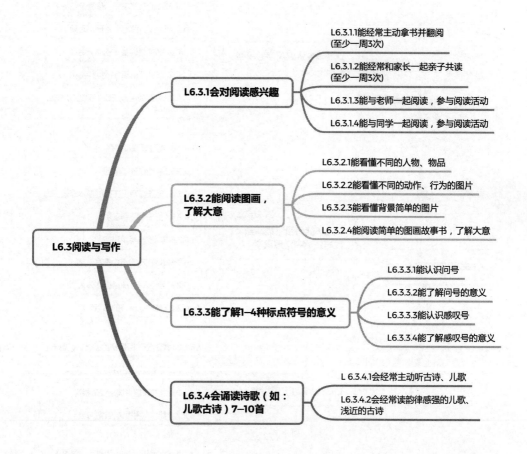

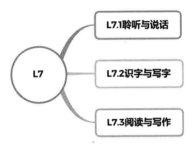

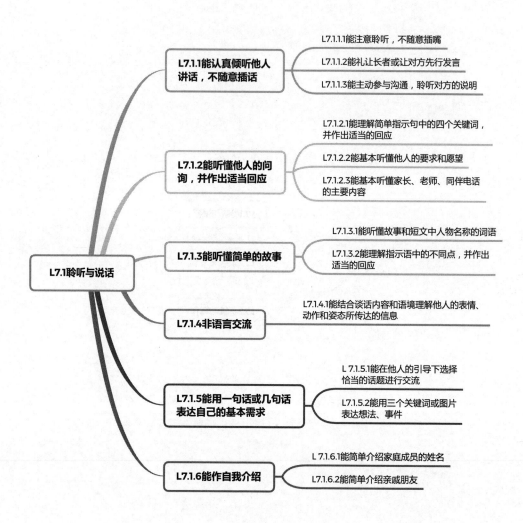

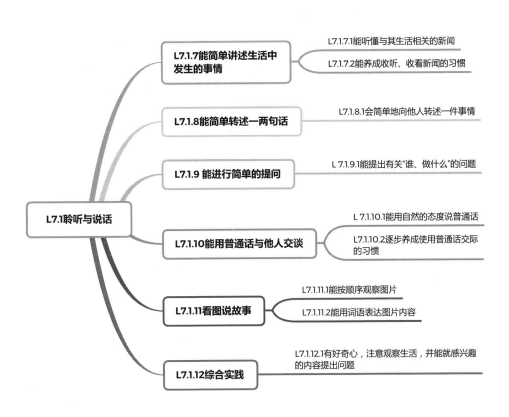

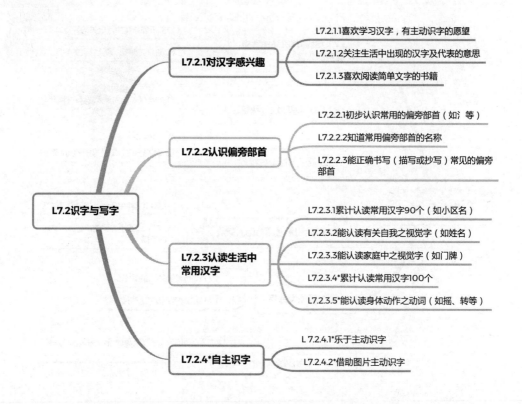

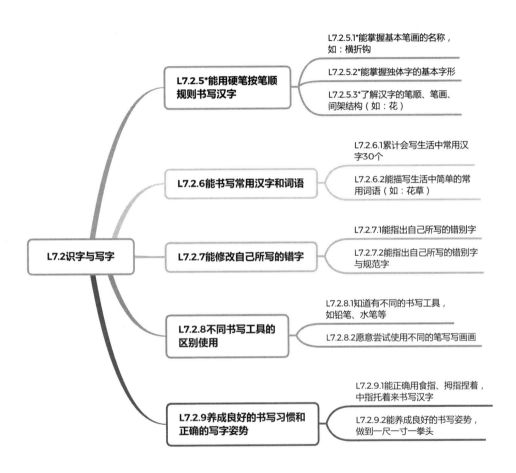

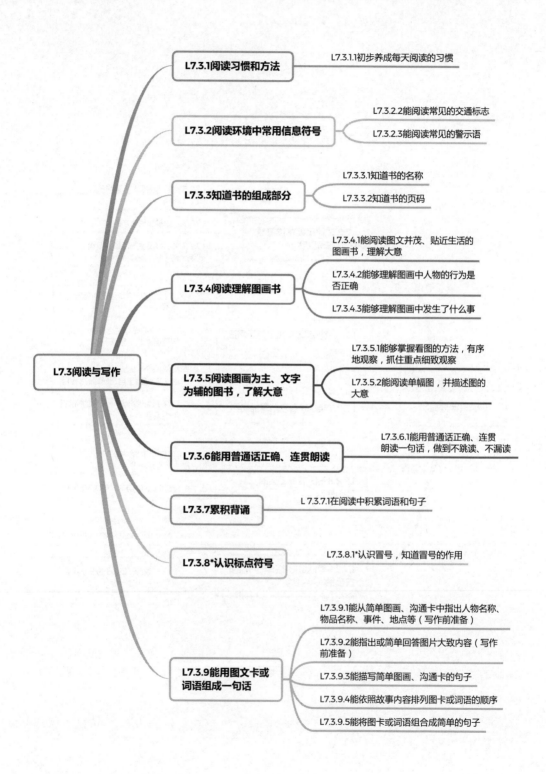

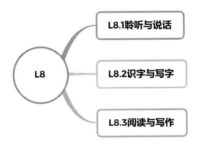

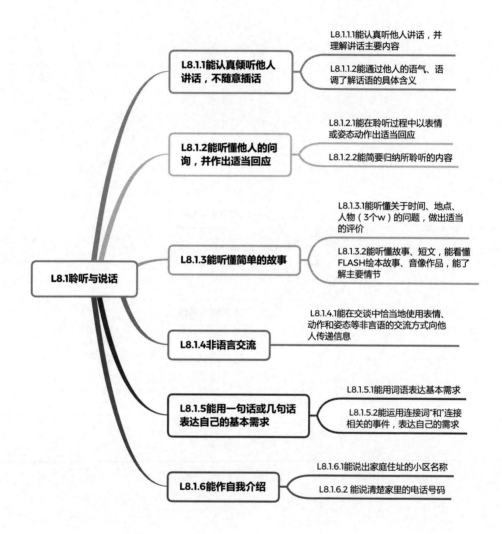

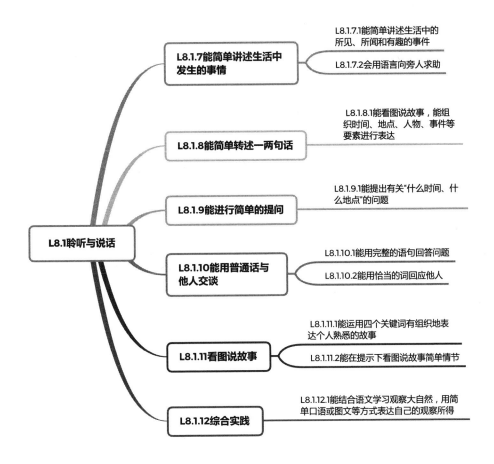

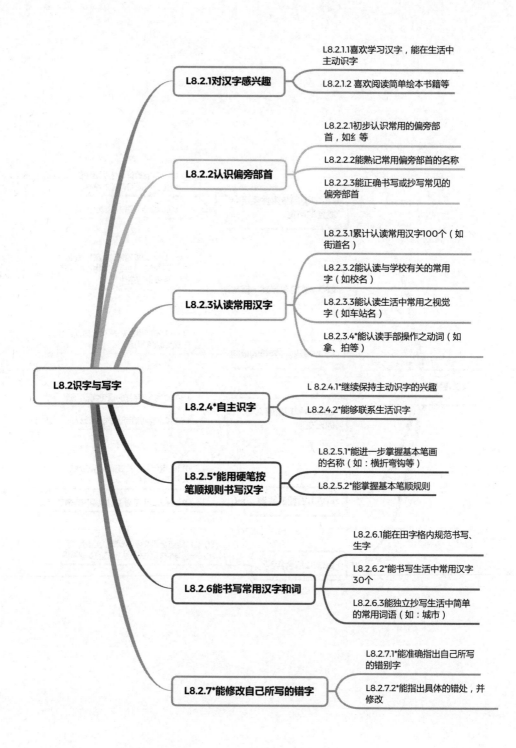

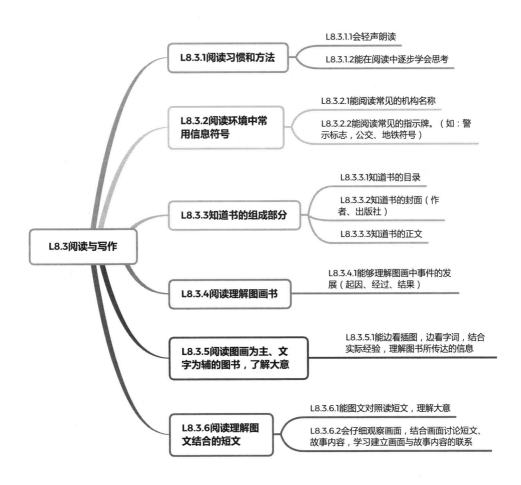

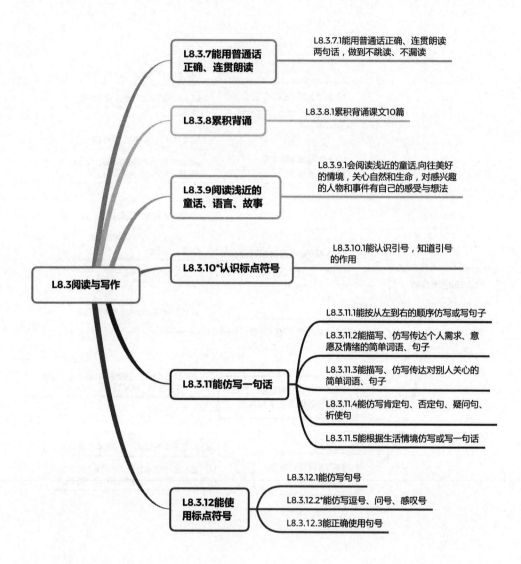

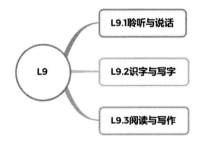

第三部分 培智学校课程层级目标及使用说明

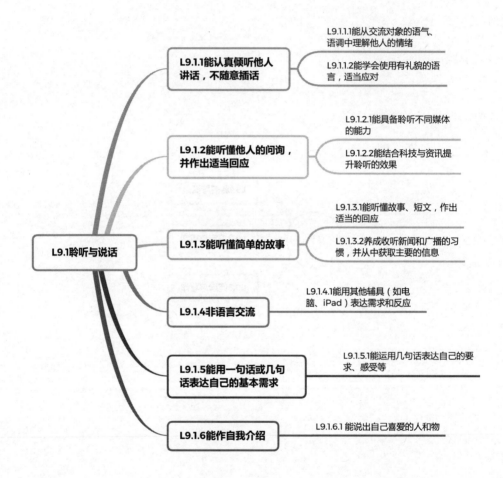

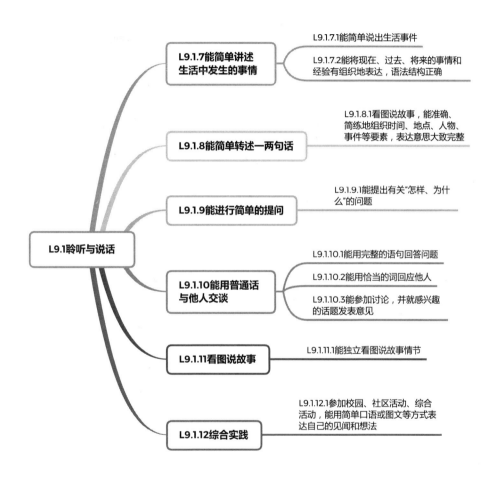

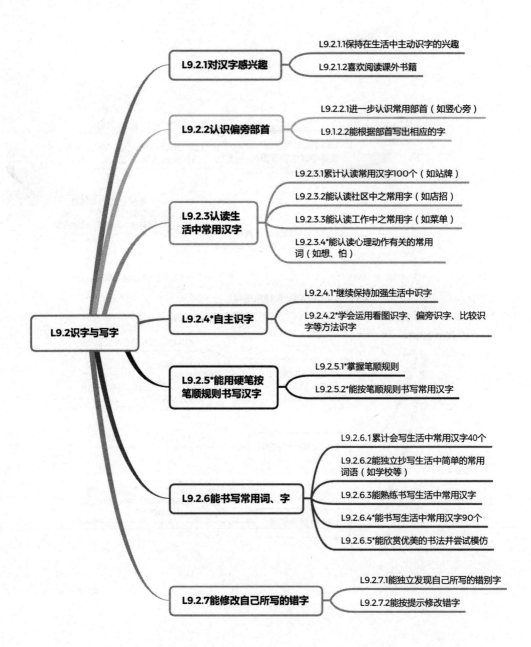

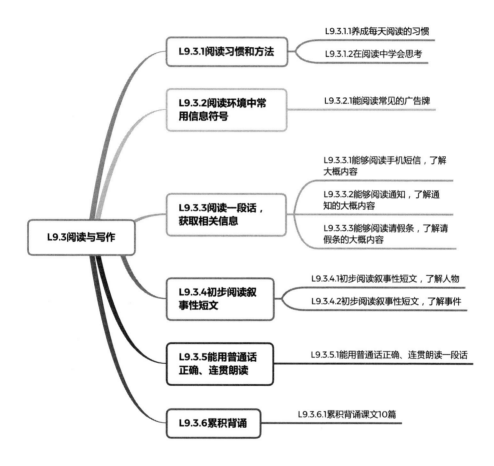

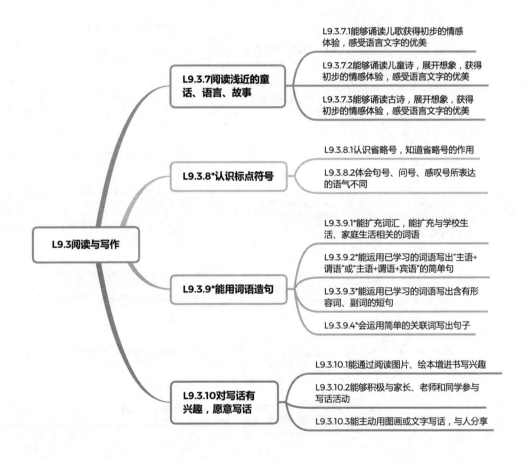

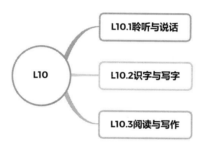

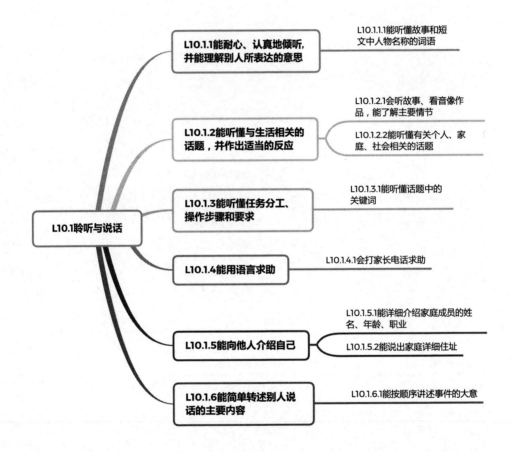

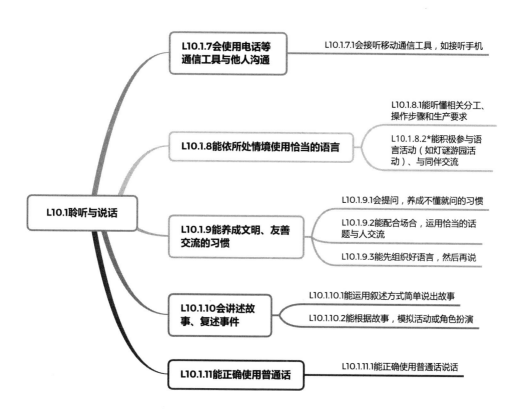

第三部分 培智学校课程层级目标及使用说明

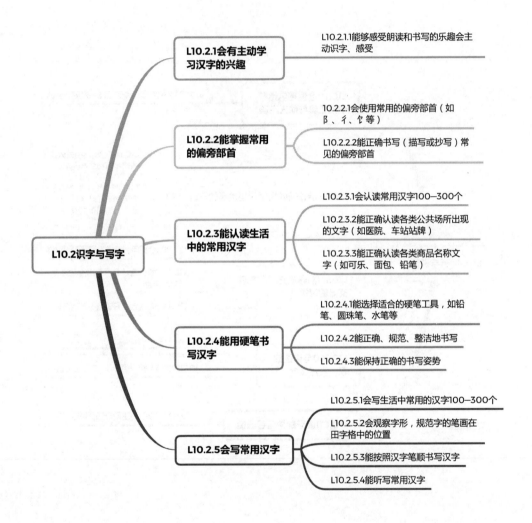

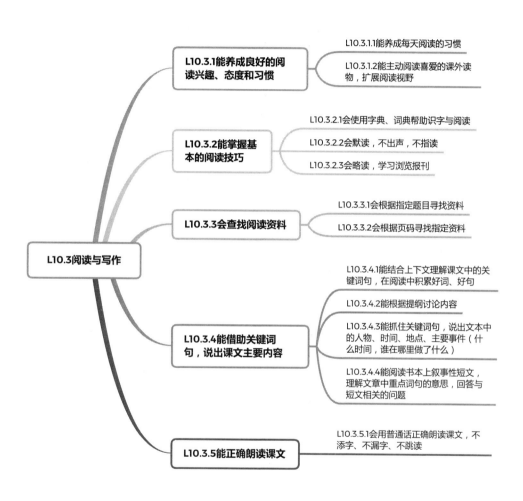

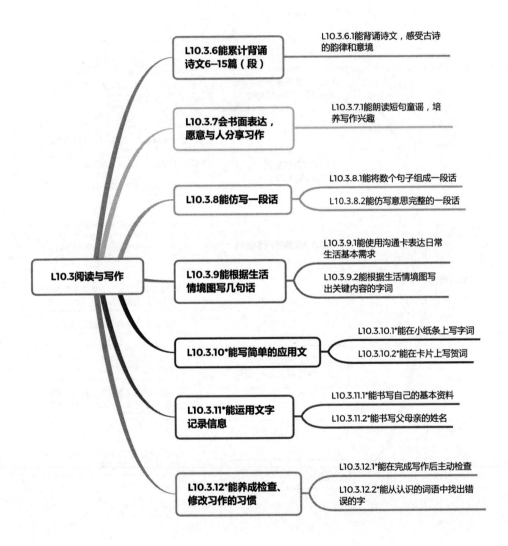

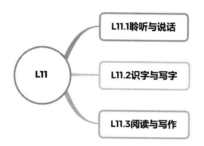

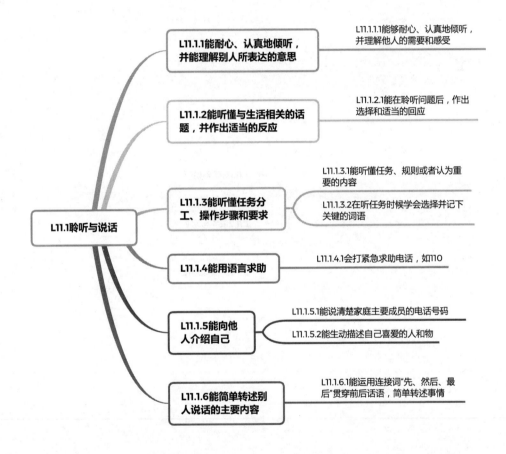

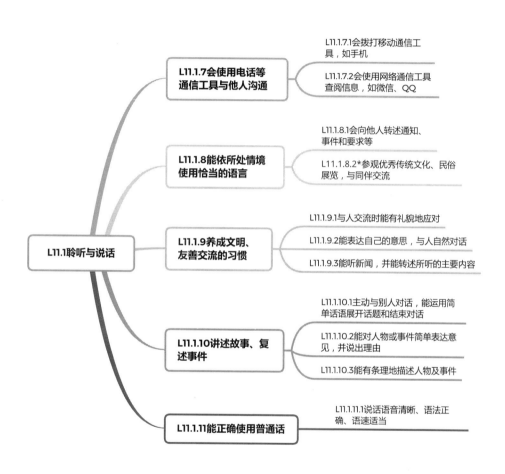

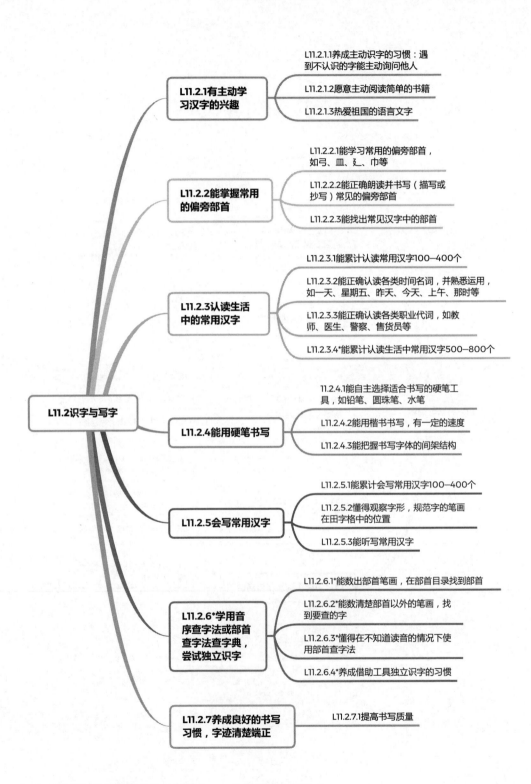

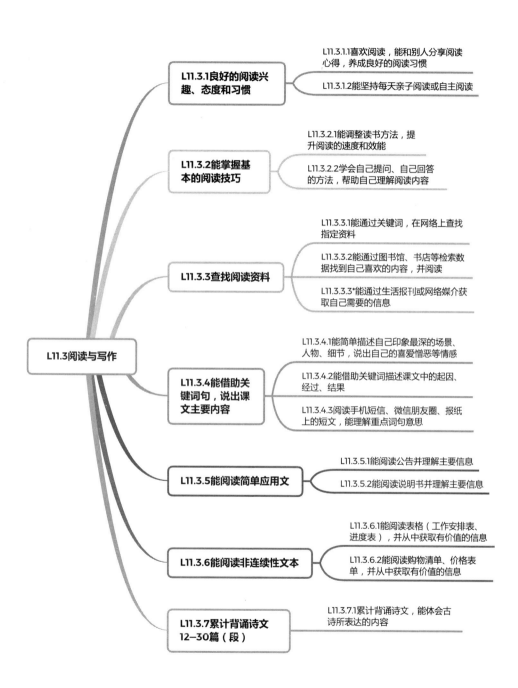

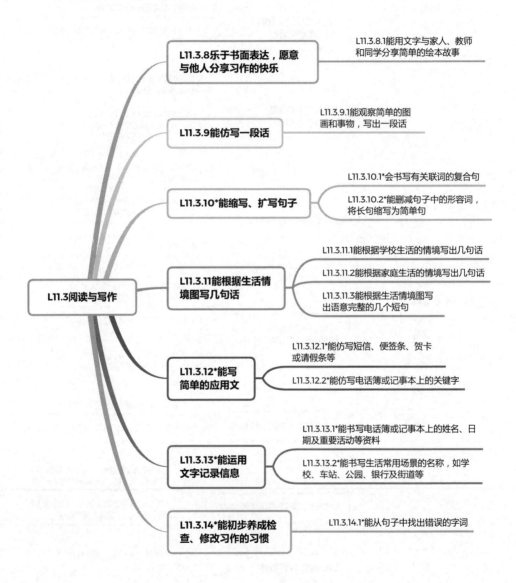

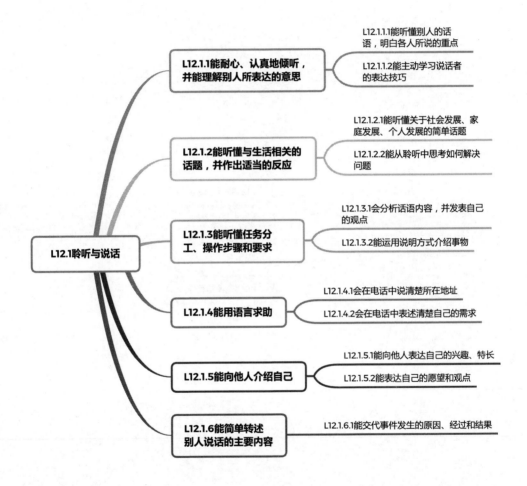

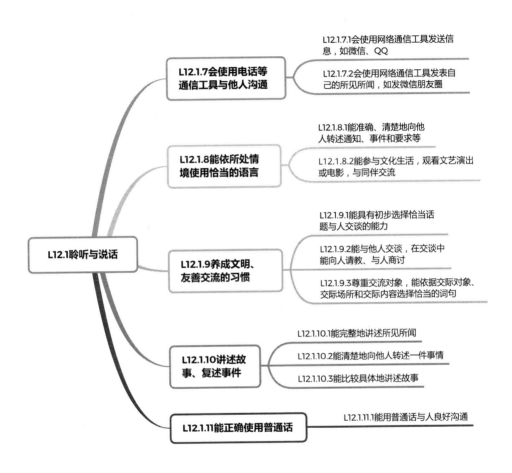

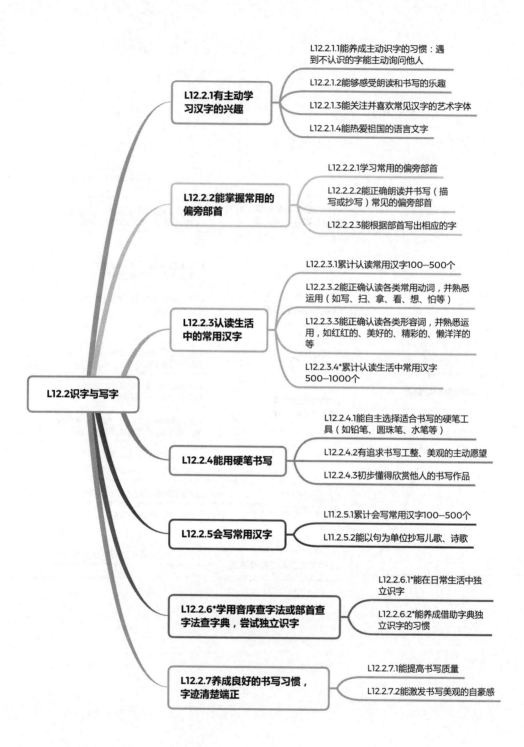

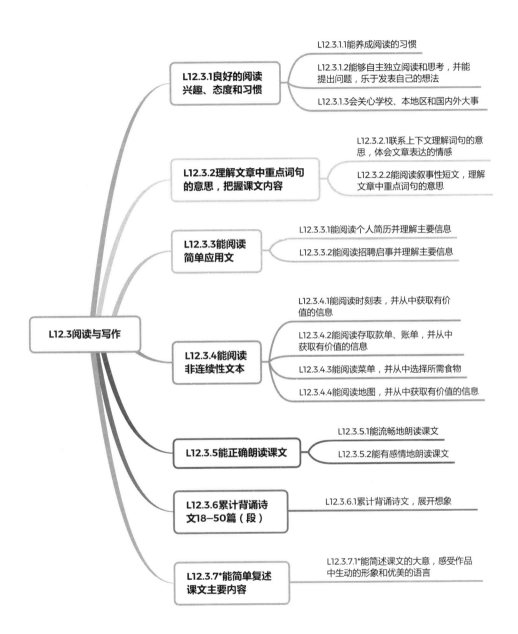

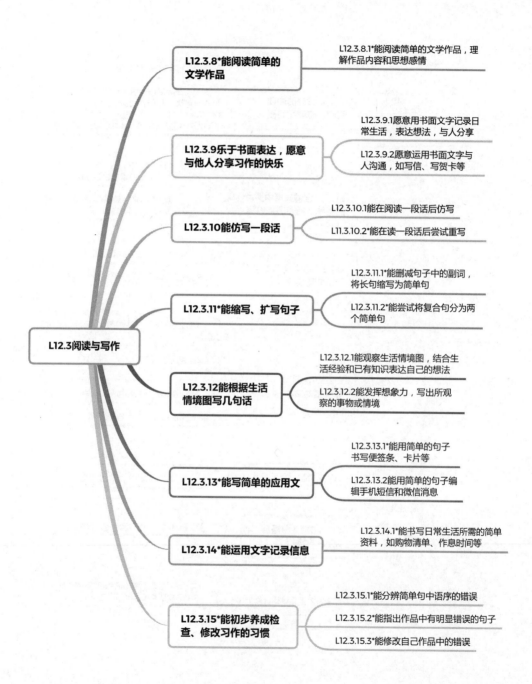

生活数学

生活数学课程层级目标体系内容与使用说明

培智学校生活数学课程层级目标体系以教育部《培智学校义务教育生活数学课程标准（2016年版）》（以下简称《生活数学课标》）为依据编制，旨在帮助智力残疾学生掌握生活中所必需且符合其能力发展水平的基本数学知识和技能，使生活数学课程成为促进学生思维发展、知识学习及培养生活技能的重要工具。

生活数学课程层级目标体系内容说明

根据《生活数学课标》和2007年教育部颁布的《培智学校义务教育教育课程设置实验方案》对生活数学具体课程的设置要求（每周低段2课时，中段2—3课时，高段4—5课时），同时结合厦门地域需求，从横向和纵向两个维度细化课程目标。横向按"常见的量""数与运算""图形与几何""统计""综合与实践"五个领域设定了三级目标指标；纵向按学生能力水平分为L4—L12九个等级。目标层级设置既面向全体，又满足学生的个别化需求。每个目标的达成体现一定的弹性，以满足不同学生的学习需求。教师可根据检测到的学生能力水平，连接与之对应的层级目标，作为制订个别化教育计划的重要依据。

生活数学课程层级目标体系内容的结构说明

第一，顺序性。

数学是一门逻辑性和系统性很强的学科，它有自身的知识体系，其概念、定律、法则等都有密切的内在联系，随着年级的升高体现螺旋式上升的特点。对课程目标的分层，不仅考虑数学知识的内在联系和逻辑关系，更考虑到知识本位、学生本位和社会本位相协调，按其内在的逻辑结构分层，既使每个学习领域的目标形成体系，又将各领域的目标分散在各个层级目标中。例如数的认识，把整数、小数、分数和折扣率安排在不同层级目标中。

整数的认识，又按认识 10 以内的数、20 以内的数、百以内的数、千以内的数及万以内的数分散到不同的层次目标。

在单元目标设定上，按照由易到难、各领域目标穿插的方式安排。这样的编排方式主要是考虑若完全按照学科学习领域的先后顺序，一个水平只涉及一两个领域，单调无趣，不易被学生接受，也不能全面考查学生的数学水平。因此，在整个层级目标体系中，我们根据培智学校学生认知发展规律，由浅入深、由易到难，一个水平涵盖多个学习领域编排。

以 L4、L5、L6 三个层级目标为例（见下表）。

领域 等级	常见的量	数与运算	图形与几何		统计	综合与实践
			图形的认识	位置的认识		
L4	1. 知道有无、多少、大小的含义，并会区分比较 2. 会认识、区别白天与黑夜，初步建立时间观念	能认识数字 0—10，了解数的组成，会读写、点数、比较大小	会认识球体、圆形、长方形和正方形	知道上下、里外，能以自身为参照，确定周围物体的方位		1. 在生活中辨别上下、里外，会以自身为参照，确定周围物体的方位 2. 会用长方形、正方形和圆形进行简单拼图
L5	1. 能感知物体的高矮、长短、粗细，会比较并排序 2. 会认识区分早晨、中午、晚上及上午和下午	会计算 10 以内的加法，并解决生活中的简单问题	初步认识三角形，能按形状给平面图形分类	知道前后，能以自身为参照，确定周围物体的方位	按标准（颜色、大小、形状）对物体进行分类与整理	1. 在生活中，会判断早晨、中午、晚上、上午和下午 2. 在生活中，会根据一定的标准，对事物简单分类
L6	1. 能感知物体的厚薄、轻重、宽窄，会比较并排序 2. 认识 10 元以内的元币，会换算	会计算 10 以内的减法，并解决生活中的简单问题				经历简单购物过程，能用 10 元以内的人民币购物，尝试付款

可以看出，每个层级目标涵盖多个领域，最大限度丰富学科知识点。每个领域的知识点又根据水平的递升体现递进的梯度，由浅入深、由易到难。这样的分层目标编排方式，更具科学性、功能性、统整性。

第二，联系性。

纵向来看，不同水平目标之间有衔接与关联。比如，在 L4 级 10 以内数的认识的目标标准是以初步形成数的概念、学会读写数为主为学生建立数感，学习两位数、三位数、四位数打基础；L7 认识 20 以内的数、L8 认识 100 以内的数、L10 认识千以内的数、L11 认识万以内的数，递进认识"个""十""百""千"等数位，形成正确的数序。

横向来看，注重同一学习领域不同层级目标的衔接与联系。如数与运算包含数的认识和数的运算，强调数的认识和数的运算的衔接与联系。在 L4 水平里，数与运算领域要先达成 10 以内数的认识，再完成 L5 的 10 以内的加法，再完成 L6 的 10 以内数的减法。

生活数学课程层级目标体系使用说明

生活数学课程层级目标体系描述的目标仅为知识技能目标这一维度。数学思考、问题解决和情感态度的发展三个维度离不开知识技能的学习，知识技能的学习必须有利于其他三个目标的实现。目标的四个方面，是一个密切联系、相互交融的有机整体。因此，教师在课程设计和教学组织活动中，应同时兼顾四个目标。同时，目标的设定既要面向全体学生，又要满足学生的个别化需求，使得学生都能接受适合的数学教育，在数学上得到不同程度的发展。

关于知识与技能：让学生经历从具体情境中抽象出符号的过程，用"经历""探索""参与"等动词描述学生数学知识的形成与应用过程，用"认识""掌握""知道""运用"等动词指明学生在数学学习中应达到的层次要求，便于在课程实施中采取相应的措施。

关于数学思考：现代社会是信息社会，学生应该学会收集信息、简单地加工信息、处理信息，作出选择并表达想法。数学要发展学生的形象思维、抽象思维和简单的推理能力。比如：学习了 10 以内数的认识，就能够运用

10以内的数描述生活中的简单现象；认识了几何图形，就应该感受几何直观的作用。

关于问题解决：注重实践活动，解决问题的时候鼓励学生交流，使学生体会到与他人合作的重要性。学习数学的根本目的是解决生活中遇到的数学问题，而且方法不是唯一的，鼓励学生大胆尝试、猜测。比如：学习了对称图形的认识，就能够发现身边易见易接触的对称图形，甚至大到生活中的建筑物，都能够让学生感触到知识的应用，即数学问题生活化。

关于情感与态度：数学要注重学生健全人格的形成和发展，关心、培养学生的个性品质，让他们有积极的情感，在数学学习过程中体验成功，提升自信程度，乐于接触数学信息，愿意谈论数学话题，敢于发展自己的观点。

为了让学生达成四维目标，建议教学目标体现为"谁、在什么条件或环境下、什么行为、达到什么程度或标准"。

生活数学课程层级目标

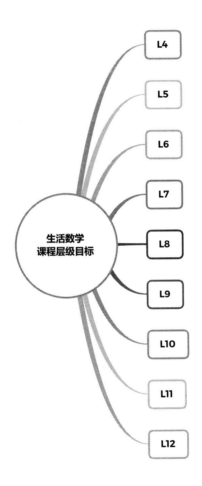

```
L4.1常见的量
├── L4.1.1数前概念：知道多少、大小的含义，会比较
│   ├── L4.1.1.1感知物体的有无，会区分
│   ├── L4.1.1.2感知物体的多少、同样多，会比较多少
│   └── L4.1.1.3感知物体的大小特点，会比较并排序
└── L4.1.2时间的认识：认识、区别白天和黑夜，初步建立时间观念
    └── L4.1.2.1认识白天和黑夜，会分清
```

- **L4.2 数与运算**
  - **L4.2.1 数的认识：认识数字0–10，了解数的组成，会点数、会读写、会比较大小**
    - L4.2.1.1 认识数字1，会点数、会读写
    - L4.2.1.2 认识数字2，了解数的组成，会点数、会读写、会比较大小
    - L4.2.1.3 认识数字3，了解数的组成，会点数、会读写、会比较大小
    - L4.2.1.4 认识数字4，了解数的组成，会点数、会读写、会比较大小
    - L4.2.1.5 认识数字5，了解数的组成，会点数、会读写、会比较大小
    - L4.2.1.6 认识数字0
    - L4.2.1.7 认识数字6，了解数的组成，会点数、会读写、会比较大小
    - L4.2.1.8 认识数字7，了解数的组成，会点数、会读写、会比较大小
    - L4.2.1.9 认识数字8，了解数的组成，会点数、会读写、会比较大小
    - L4.2.1.10 认识数字9，了解数的组成，会点数、会读写、会比较大小
    - L4.2.1.11 认识数字10，了解数的组成，会点数、会读写、会比较大小

- L4.3 图形与几何
  - L4.3.1 图形的认识：通过实物和模型，初步认识生活中的球体、圆形、长方形和正方形
    - L4.3.1.1 会认识生活中的球体
    - L4.3.1.2 能通过实物和模型认识圆形，会辨认生活中的圆形
    - L4.3.1.3 能通过实物和模型认识长方形，会辨认生活中的长方形
    - L4.3.1.4 能通过实物和模型认识正方形，会辨认生活中的正方形
  - L4.3.2 位置的认识：知道上下、里外，以自身为参照，确定周围物体的方位
    - L4.3.2.1 区分上下，会以自身为参照，确定周围物体的方位
    - L4.3.2.2 区分里外，会以自身为参照，确定周围物体的方位

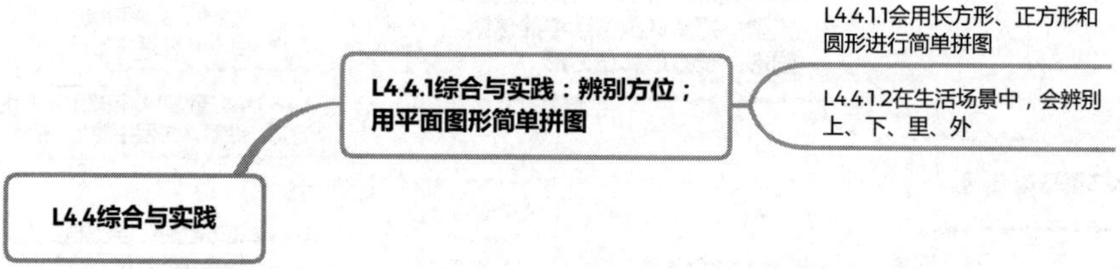

- **L4.4 综合与实践**
  - L4.4.1 综合与实践：辨别方位；用平面图形简单拼图
    - L4.4.1.1 会用长方形、正方形和圆形进行简单拼图
    - L4.4.1.2 在生活场景中，会辨别上、下、里、外

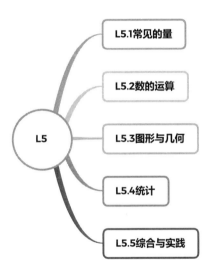

第三部分 培智学校课程层级目标及使用说明

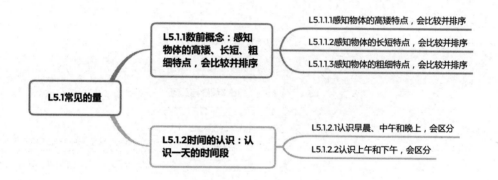

- **L5.2 数的运算**
  - **L5.2.1 数的运算：会计算得数是10以内的加法，并解决生活中的简单问题**
    - L5.2.1.1 理解加法的实际意义
    - L5.2.1.2 会计算得数是2的加法，并解决生活中的简单问题
    - L5.2.1.3 会计算得数是3的加法，并解决生活中的简单问题
    - L5.2.1.4 会计算得数是4的加法，并解决生活中的简单问题
    - L5.2.1.5 会计算得数是5的加法，并解决生活中的简单问题
    - L5.2.1.6 会计算0的加法，并解决生活中的简单问题
    - L5.2.1.7 会计算得数是6的加法，并解决生活中的简单问题
    - L5.2.1.8 会计算得数是7的加法，并解决生活中的简单问题
    - L5.2.1.9 会计算得数是8的加法，并解决生活中的简单问题
    - L5.2.1.10 会计算得数是9的加法，并解决生活中的简单问题
    - L5.2.1.11 会计算得数是10的加法，并解决生活中的简单问题
    - L5.2.1.12 10以内加法的综合运用

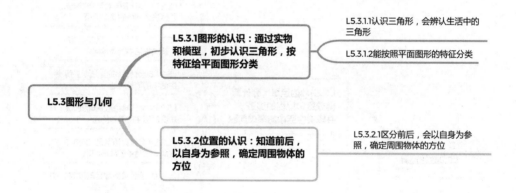

```
                                                        ┌── L5.4.1.1 会按大小进行简单分类
                  ┌── L5.4.1 分类：按标准（颜色、大小、 ├── L5.4.1.2 会按2—3种颜色进行简单分类
L5.4 统计 ──┤      形状），对物体进行分类与整理    └── L5.4.1.3 会按形状进行简单分类（长方
                                                            形、正方形、三角形、圆形）
```

```
L5.5综合与实践 ─── L5.5.1综合与实践：判断一天的时段；按标准简单分类 ─┬─ L5.5.1.1在生活中，会判断早晨、中午、晚上、上午和下午
                                                                └─ L5.5.1.2在生活中，会根据一定的标准，对事物简单分类
```

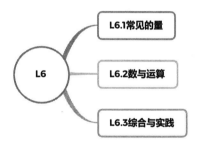

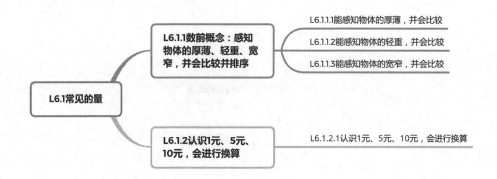

- **L6.2 数与运算**
  - **L6.2.1 数的运算：会计算10以内的减法并解决生活中的简单问题**
    - L6.2.1.1 理解减法的实际意义
    - L6.2.1.2 会计算2以内的减法，并解决生活中的简单问题
    - L6.2.1.3 会计算3以内的减法，并解决生活中的简单问题
    - L6.2.1.4 会计算4以内的减法，并解决生活中的简单问题
    - L6.2.1.5 会计算5以内的减法，并解决生活中的简单问题
    - L6.2.1.6 会计算0的减法
    - L6.2.1.7 会计算6以内的减法，并解决生活中的简单问题
    - L6.2.1.8 会计算7以内的减法，并解决生活中的简单问题
    - L6.2.1.9 会计算8以内的减法，并解决生活中的简单问题
    - L6.2.1.10 会计算9以内的减法，并解决生活中的简单问题
    - L6.2.1.11 会计算10以内的减法，并解决生活中的简单问题
    - L6.2.1.12 会计算10以内的连加，并解决生活中的简单问题
    - L6.2.1.13 会计算10以内的连减，并解决生活中的简单问题
    - L6.2.1.14 会计算10以内的加减混合，并解决生活中的简单问题

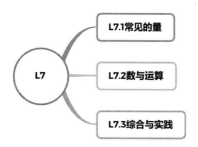

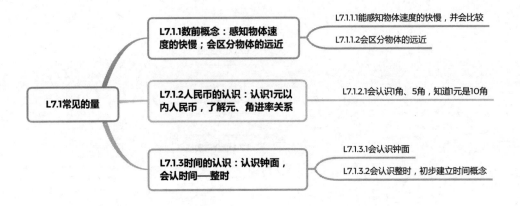

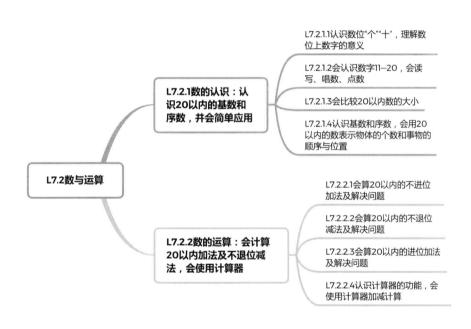

- **L7.3综合与实践** — **L7.3.1综合与实践：结合自己的生活经验，能执行一日作息时间表** — L7.3.1.1会合理安排时间，执行一日作息时间表

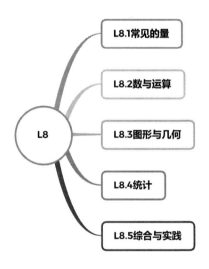

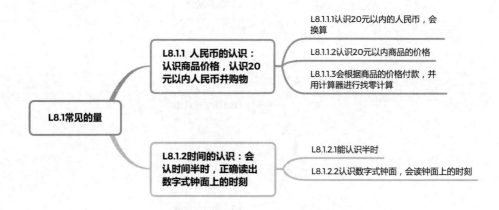

- **L8.2 数与运算**
  - **L8.2.1 数的认识：100以内数的认识，会比较大小，进一步理解基数和序数**
    - L8.2.1.1 100以内数的认识，会读写、会唱数、会点数
    - L8.2.1.2 能比较100以内数的大小
    - L8.2.1.3 能用100以内的数表示物体的个数和事物的顺序
  - **L8.2.2 数的运算：正确计算20以内的加、减法，解决简单的实际问题**
    - L8.2.2.1 会算20以内退位减法及解决问题
    - L8.2.2.2 会用计算机计算20以内的连加、连减、加减混合运算

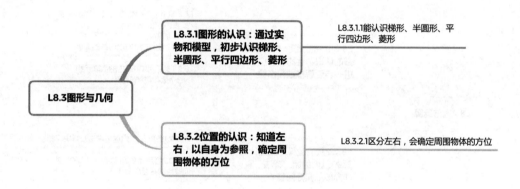

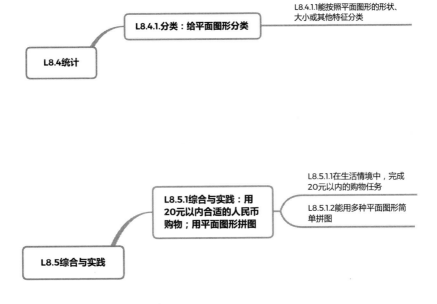

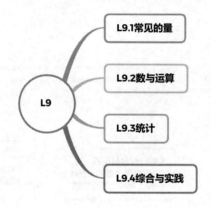

```
                                    ┌─ L9.1.1.1 认识50元、100元，会换算
         ┌─ L9.1.1 大面额人民币的认识：─┤
         │   认识100元以内人民币面值    └─ L9.1.1.2 会根据商品价格进行100元以内
         │   及商品的价格；会付款及找零      的付款与找零计算
L9.1常见的量 ─┤
         │                             ┌─ L9.1.2.1 能看懂年历表和月历表
         └─ L9.1.2 时间的认识：认识年 ─┤
             月日，了解它们之间的关     └─ L9.1.2.2 能认识年月日，了解它们之
             系；会看年历表、月历表         间的关系
```

- **L9.2 数与运算**
  - **L9.2.1 数的运算：正确计算100以内的加、减法，解决简单的实际问题**
    - L9.2.1.1 会算百以内的不进位加法及解决问题
    - L9.2.1.2 会算百以内的不退位减法及解决问题
    - L9.2.1.3 会算百以内的进位加法及解决问题
    - L9.2.1.4 会算百以内的退位减法及解决问题
    - L9.2.1.5 会用计算器进行100以内的加减计算

```
                                                    ┌─ L9.3.1.1 会根据标准给生活中的物品
               ┌─ L9.3.1 分类：根据标准进行初步的分类 ─┤   或事件进行初步的分类
               │                                    └─
L9.3 统计 ─────┤
               │                                    ┌─ L9.3.2.1 经历简单数据的收集和整理
               └─ L9.3.2 统计：经历整理和收集的过程 ──┤   过程，会用一定方式呈现结果
                  并呈现结果                         └─
```

- **L9.4 综合与实践** — **L9.4.1 综合与实践：选择加减运算解决简单的生活问题；根据生活需要会分类和统计**
  - L9.4.1.1 会正确选择加减运算解决简单的实际问题
  - L9.4.1.2 在生活情境中，能根据需要作简单分类并记录

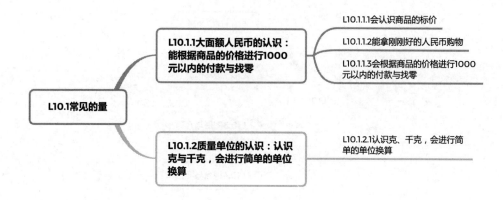

- **L10.2 数与运算**
  - **L10.2.1 数的认识：认识千以内的数，理解数位"百"，并会比较数的大小**
    - L10.2.1.1 会认识数位"百"
    - L10.2.1.2 能数、认、读、写千以内的数
    - L10.2.1.3 会比较千以内数的大小
  - **L10.2.2 数的运算：理解乘法的意义，掌握2-9的乘法口诀并解决简单的问题**
    - L10.2.2.1 理解乘法的含义，认识乘法符号"×"，知道乘法算式中各部分的名称
    - L10.2.2.2 理解、识记2的乘法口诀，会用2的乘法口诀计算乘法算式，解决简单的问题
    - L10.2.2.3 理解、编制、识记3的乘法口诀，会用3的乘法口诀计算乘法算式，解决简单的问题
    - L10.2.2.4 理解、编制、识记4的乘法口诀，会用4的乘法口诀计算乘法算式，解决简单的问题
    - L10.2.2.5 理解、编制、识记5的乘法口诀，会用5的乘法口诀计算乘法算式，解决简单的问题
    - L10.2.2.6 理解、编制、识记6的乘法口诀，会用6的乘法口诀计算乘法算式，解决简单的问题
    - L10.2.2.7 理解、编制、识记7的乘法口诀，会用7的乘法口诀计算乘法算式，解决简单的问题
    - L10.2.2.8 理解、编制、识记8的乘法口诀，会用8的乘法口诀计算乘法算式，解决简单的问题
    - L10.2.2.9 理解、编制、识记9的乘法口诀，会用9的乘法口诀计算乘法算式，解决简单的问题

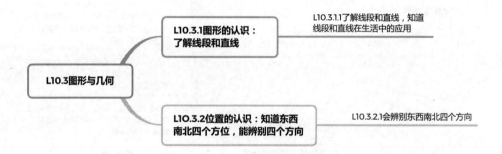

```
                                                          ┌─ L10.4.1.1根据实际情况,会进行购物估算
                    ┌─ L10.4.1综合与实践:学 ─┤
L10.4综合与实践 ─────┤   习称重,进行购物估算     └─ L10.4.1.2在实践活动中,会称出物品的质
                                                              量,并记录
```

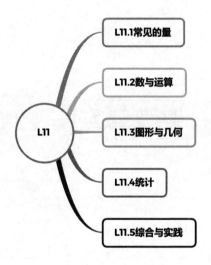

```
L11.1 常见的量 ── L11.1.1 时间的认识：会使用24时计时法计算时间，知道时、分进率，会用几时几分的形式读钟面的时刻
                                    ├── L11.1.1.1 会使用24时计时法计算时间
                                    ├── L11.1.1.2 能体验时间的长短
                                    └── L11.1.1.3 能认识几时几分，知道1时=60分
```

L11.2 数与运算

- **L11.2.1 数的认识：认识万以内的数，会正确读写并理解位"千"**
  - L11.2.1.1 能认识一千和数位"千"
  - L11.2.1.2 能数、认、读、写整千数
  - L11.2.1.3 能数、认、读、写几千几百
  - L11.2.1.4 能数、认、读、写几千零几十
  - L11.2.1.5 能数、认、读、写几千零几
  - L11.2.1.6 会比较四位数的大小

- **L11.2.2 数的运算：使用计算器计算千以内的加法、减法及加减混合运算，并能解决简单的实际问题**
  - L11.2.2.1 会用计算器计算千以内的加法，并能解决简单的实际问题
  - L11.2.2.2 会用计算器计算千以内的减法，并能解决简单的实际问题
  - L11.2.2.3 会用计算器计算千以内的连续加法，并能解决简单的实际问题
  - L11.2.2.4 会用计算器计算千以内的连续减法，并能解决简单的实际问题
  - L11.2.2.5 会用计算器计算千以内的加减混合运算，并能解决简单的实际问题
  - L11.2.2.6 会进行简单的估算，体会估算在生活中的作用

```
L11.3 图形与几何 ── L11.3.1 图形的认识：认识生活中常见的立体图形
                        ├── L11.3.1.1 认识生活中的长方体，会辨认生活中的长方体
                        ├── L11.3.1.2 认识生活中的正方体，会辨认生活中的正方体
                        └── L11.3.1.3 认识生活中的圆柱体，会辨认生活中的圆柱体
```

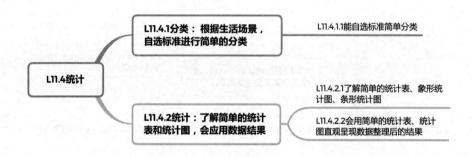

```
                                                        ┌─ L11.5.1.1 能看懂日常生活中常见的时刻
                                                        │   表和作息时间表
                          ┌─ L11.5.1 综合与实践：会 ─────┤
                          │   应用时刻表和作息时间       ├─ L11.5.1.2 根据生活实际，会合理安排作
L11.5 综合与实践 ─────────┤   表合理安排时间，会用       │   息时间
                          │   统计数据做判断             │
                                                        └─ L11.5.1.3 整理生活中的数据，会用简单
                                                            条形图的方式呈现，并作出简单判断
```

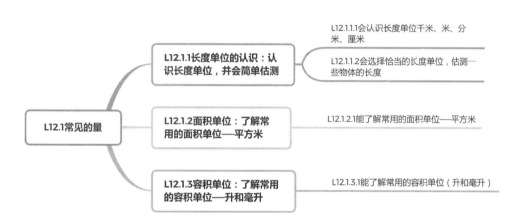

第三部分 培智学校课程层级目标及使用说明

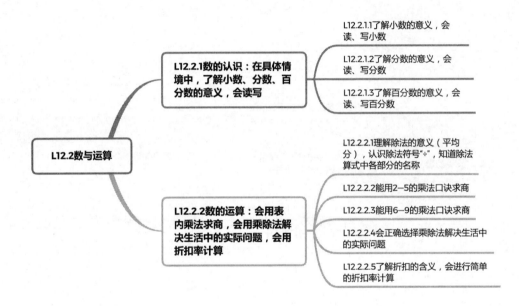

- L12.3 图形与几何
  - L12.3.1 图形的认识：认识轴对称图形
    - L12.3.1.1 认识轴对称图形，感受长方形、正方形、菱形、圆形等的轴对称特征

```
L12.4综合与实践 ── L12.4.1综合与实践：认识生活中的常用票据，会测量物体的长度和容积
                    ├── L12.4.1.1能看懂日常生活中常见的购物小票、收款收据、银行账单等
                    ├── L12.4.1.2在实践活动中，会测量物体的长度，并作记录
                    └── L12.4.1.3在实践活动中，会量出物体的容积，并作记录
```

生活适应

生活适应课程层级目标内容和使用说明

培智学校生活适应课程层级目标内容说明

本课程层级目标的编制是依据教育部2016年发布的《国家课标》中生活适应课程标准的内容而研制的。以这为基础，它涵盖个人生活、家庭生活、学校生活、社区生活和国家与世界五个学习领域。同时，以这五个领域作为一级指标，按照学生能力水平纵向分级，包含L4—L12九个等级。

在课程层级目标中，每个一级指标下再细化二级指标，共22个。例如，一级指标"个人生活"，细化为6个二级指标，分别为饮食习惯、个人卫生、个人着装、疾病预防、自我认识和心理卫生。在此基础上，每个二级指标又细化为三级指标，共430个。例如，"饮食卫生"具体包括：学会认识常见的餐具，如碗、筷、汤食、餐盘等；懂得基本的就餐要求，如需排队、安坐椅上不乱跑等；认识一些生活常见的物品，如教室物品、食品、居家用品等。

培智学校生活适应课程层级目标结构说明

本课标层级体系主要包括三部分：编写说明、课标内容、课时建议。

编写说明着重介绍本课程目标体系的主要内容和范围、编写人员、使用提醒等相关内容。

课标内容包含本课程目标体系涉及的5个一级指标、22个二级指标和167个目标标准，以及9个水平的分层目标。

课时建议，按照各学校课程每周四节的安排计算，建议相应的课时量。如在L4—L6的目标体系中，建议个人生活20课时，家庭生活12课时，学校生活12课时，社区生活12课时，国家与世界12课时。各校可酌情增减。

培智学校生活适应课程层级目标使用说明

由于特殊学生存在显著的个体差异，使用这套目标体系进行教育教学时，应根据学生实际情况和教材内容作必要的调整，无须照搬套用。

为了帮助教师了解课程层级目标架构，更好地使用课程目标体系，我们将相关的教学建议作简要说明，仅供教师在教学中参考。

第一，把二级指标的每一个项目作为一个主题进行教学，如下表 L4 一级指标"个人生活"中有 6 个二级指标，每个指标可作为一个主题。

L4.1 个人生活	L4.1.1 饮食习惯
	L4.1.2 个人卫生
	L4.1.3 个人着装
	L4.1.4 疾病预防
	L4.1.5 自我认识
	L4.1.6 心理卫生

第二，把三级指标作为个别化教育短期目标参考，课时量可以根据学生的具体水平和教学需要来调整。这些目标也可作为学生学习效果评估参考指标，逐步记录学生的学习状况（如下表）。

L4.1.1 饮食习惯	L4.1.1.1 会认识常见的餐具，如碗、筷、汤食、餐盘等
	L4.1.1.2 懂得基本的就餐要求，如需排队、安坐椅上不乱跑等
	L4.1.1.3 认识一些生活常见的物品，如教室物品、食品、居家用品等

生活适应课程层级目标体系

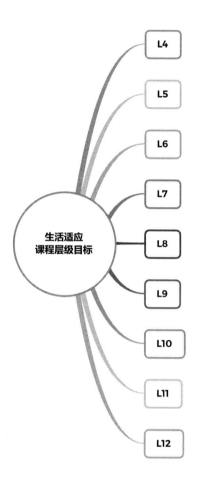

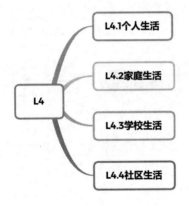

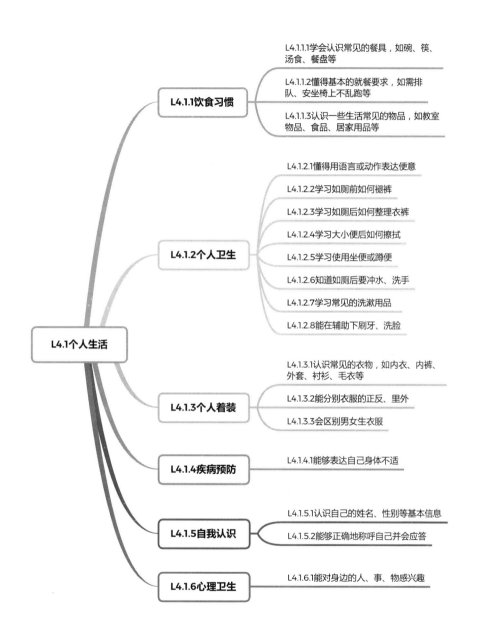

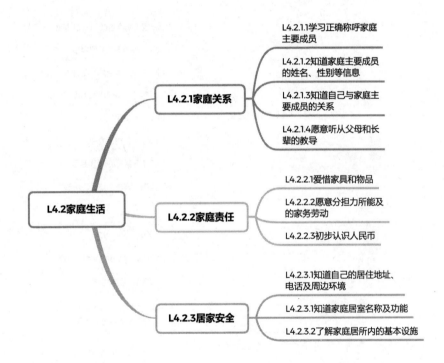

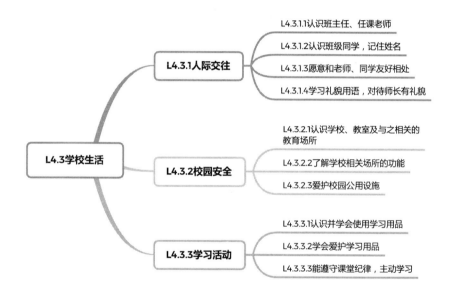

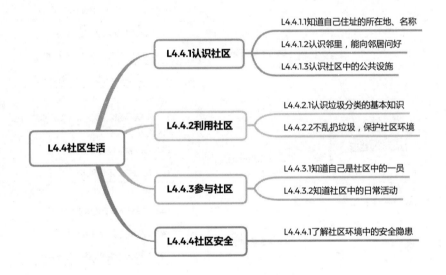

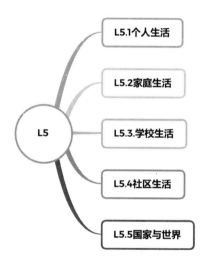

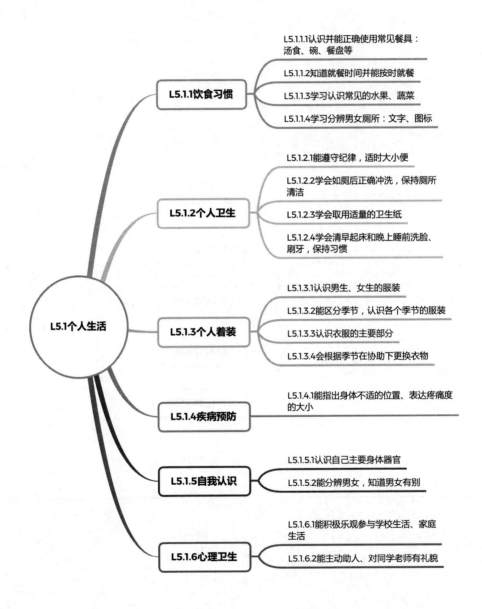

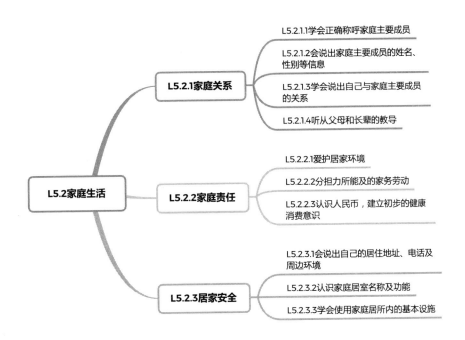

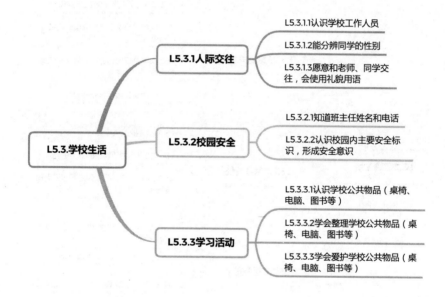

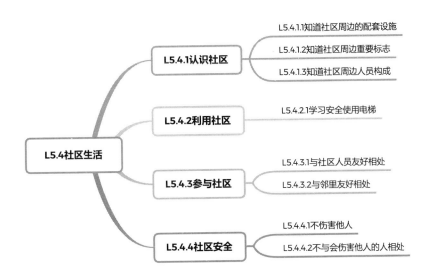

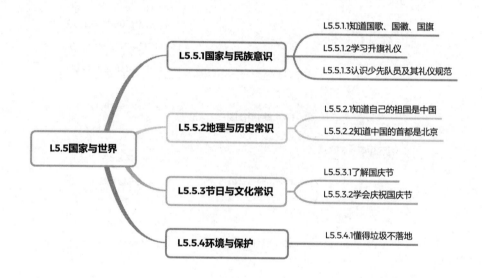

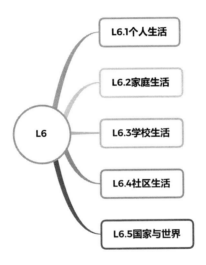

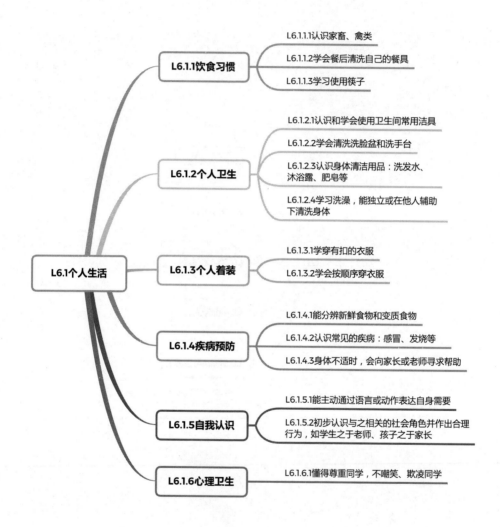

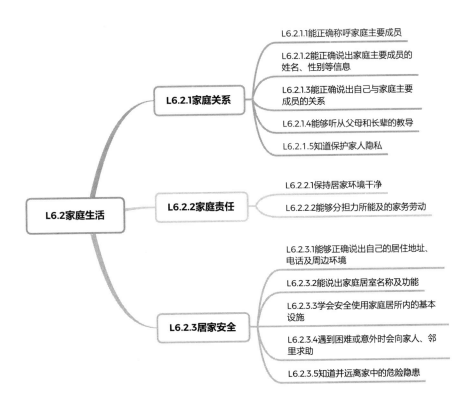

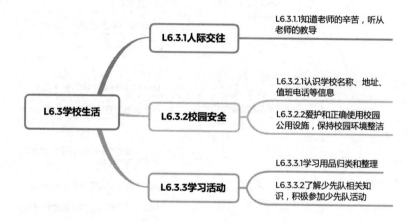

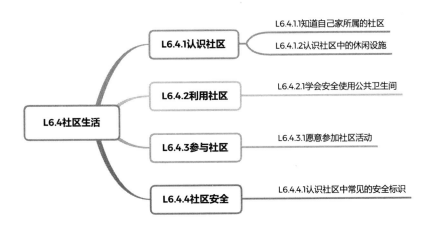

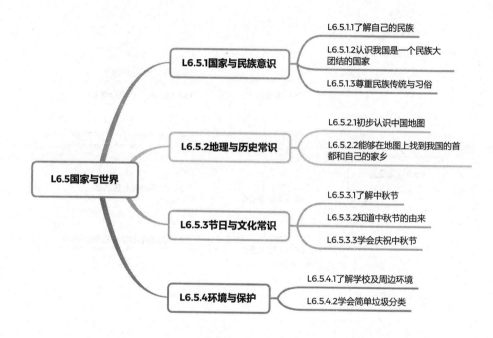

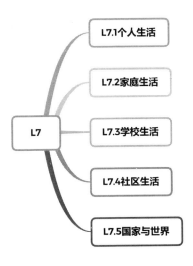

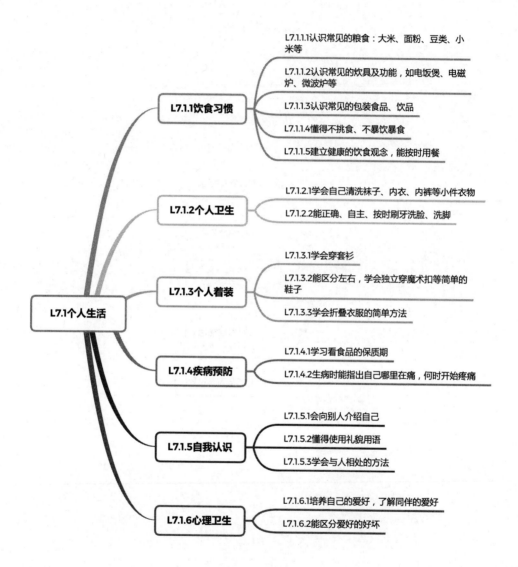

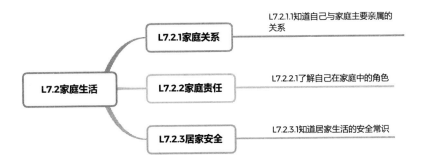

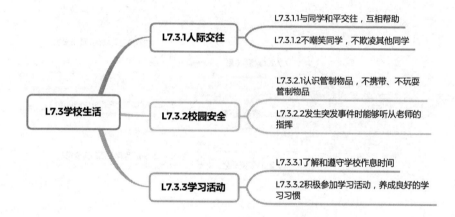

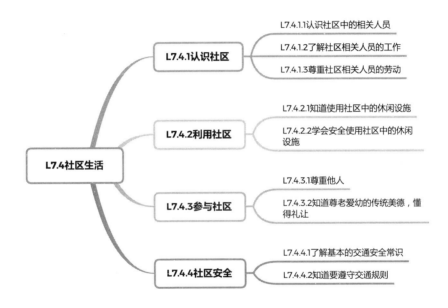

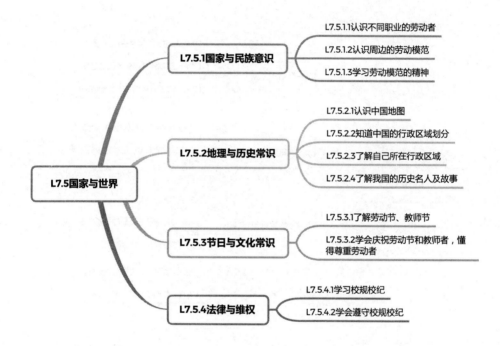

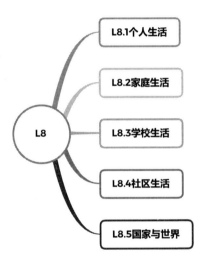

第三部分 培智学校课程层级目标及使用说明

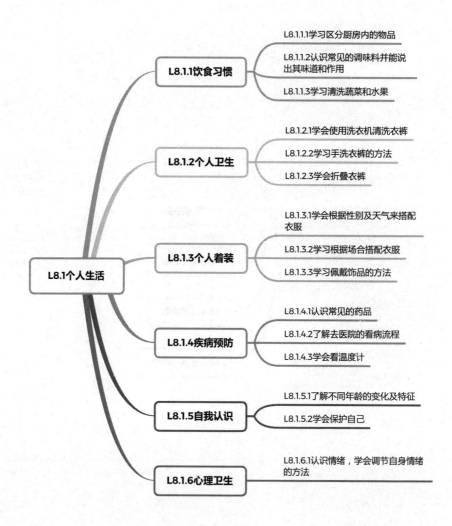

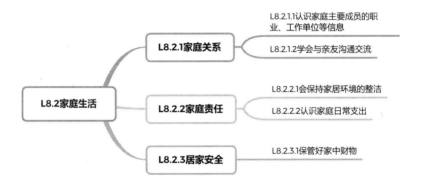

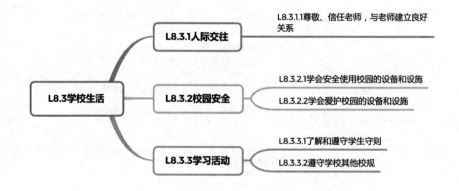

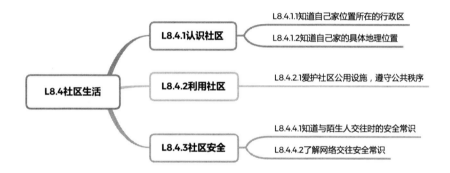

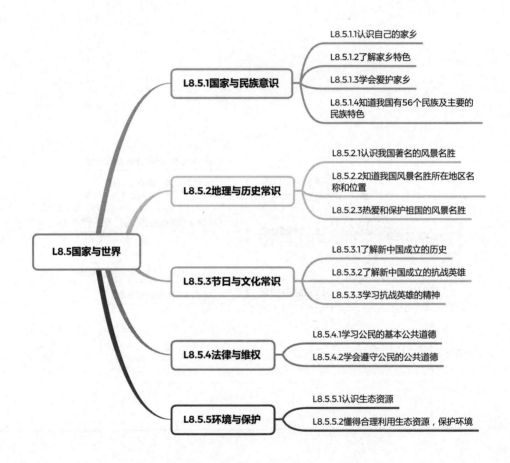

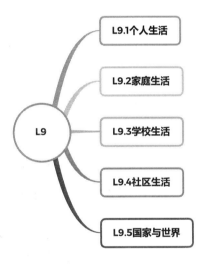

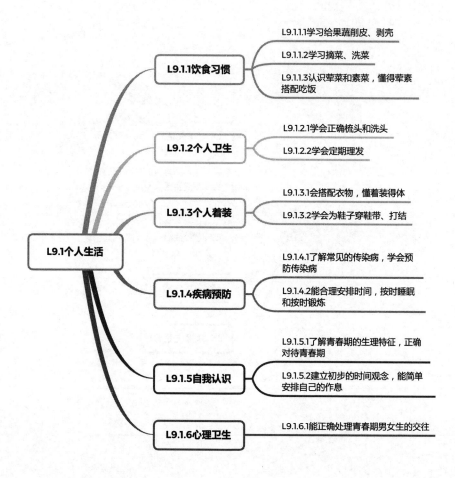

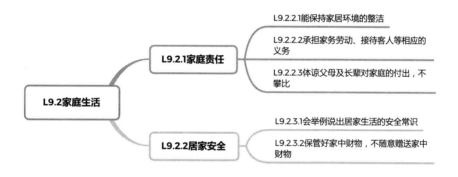

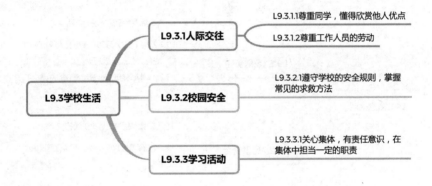

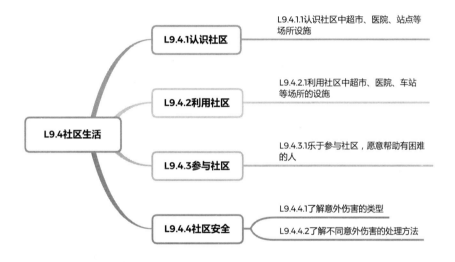

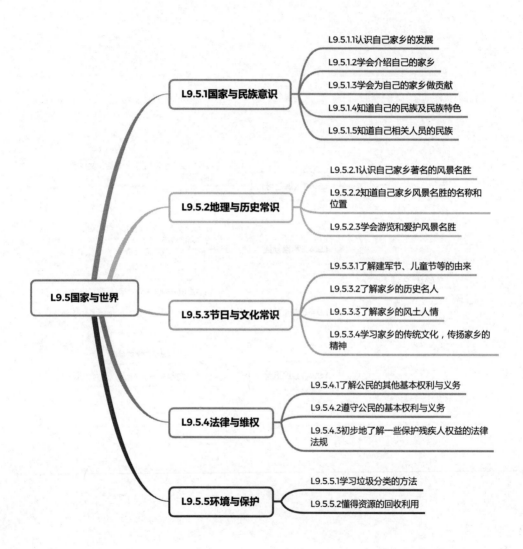

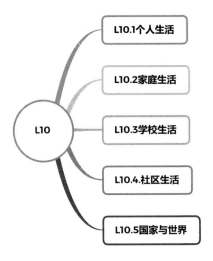

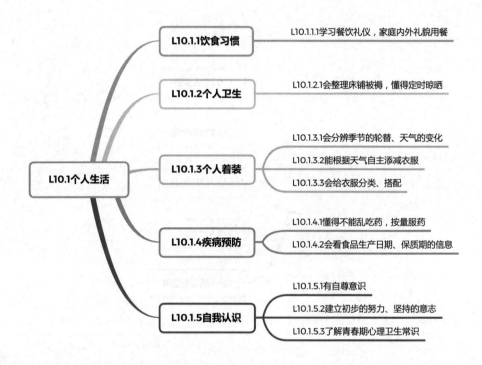

```
L10.1个人生活 ─┬─ L10.1.1饮食习惯 ── L10.1.1.1学习餐饮礼仪，家庭内外礼貌用餐
              │
              ├─ L10.1.2个人卫生 ── L10.1.2.1会整理床铺被褥，懂得定时晾晒
              │
              ├─ L10.1.3个人着装 ─┬─ L10.1.3.1会分辨季节的轮替、天气的变化
              │                  ├─ L10.1.3.2能根据天气自主添减衣服
              │                  └─ L10.1.3.3会给衣服分类、搭配
              │
              ├─ L10.1.4疾病预防 ─┬─ L10.1.4.1懂得不能乱吃药，按量服药
              │                  └─ L10.1.4.2会看食品生产日期、保质期的信息
              │
              └─ L10.1.5自我认识 ─┬─ L10.1.5.1有自尊意识
                                 ├─ L10.1.5.2建立初步的努力、坚持的意志
                                 └─ L10.1.5.3了解青春期心理卫生常识
```

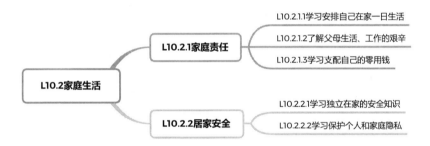

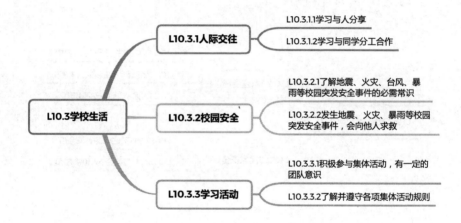

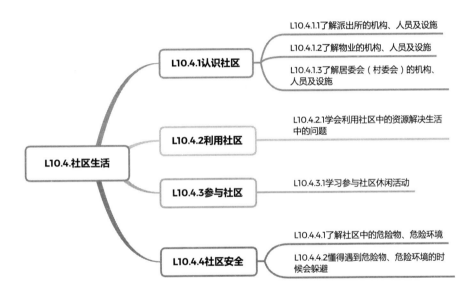

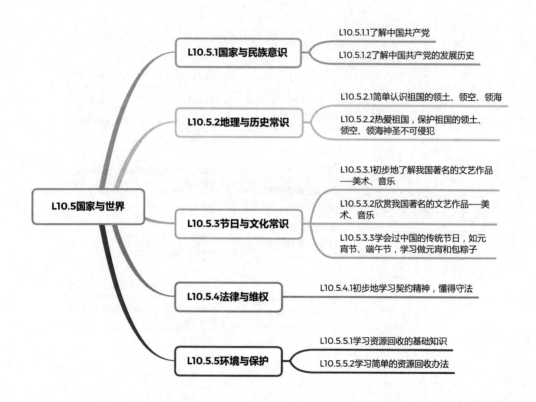

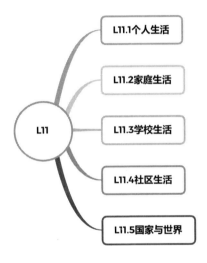

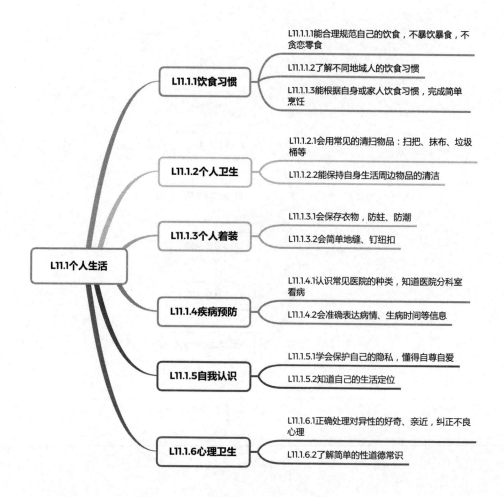

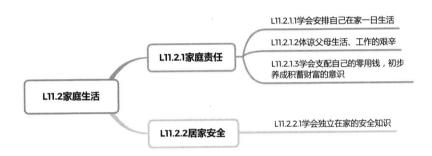

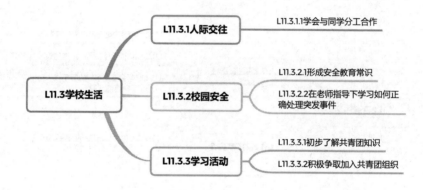

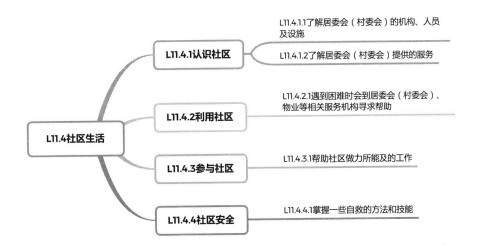

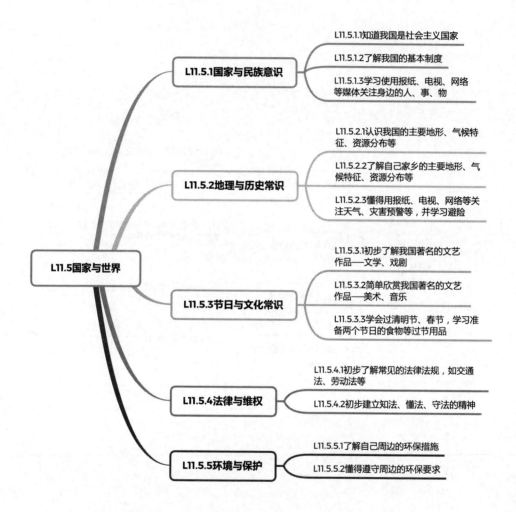

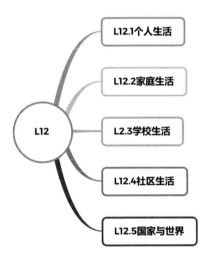

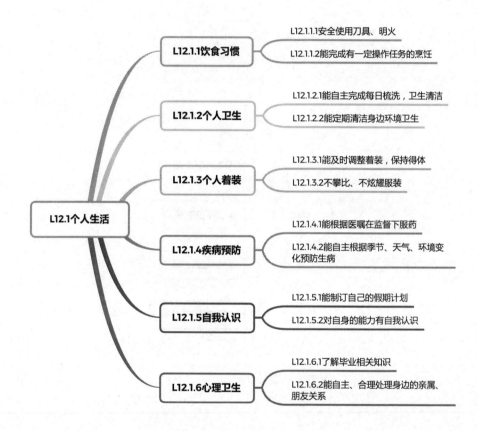

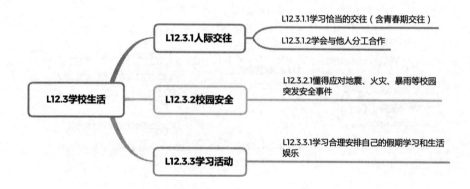

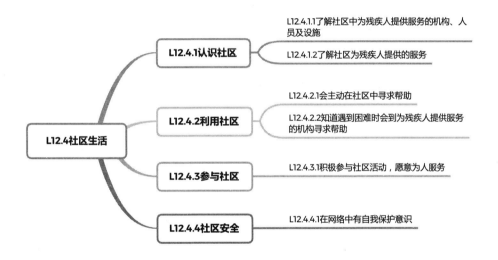

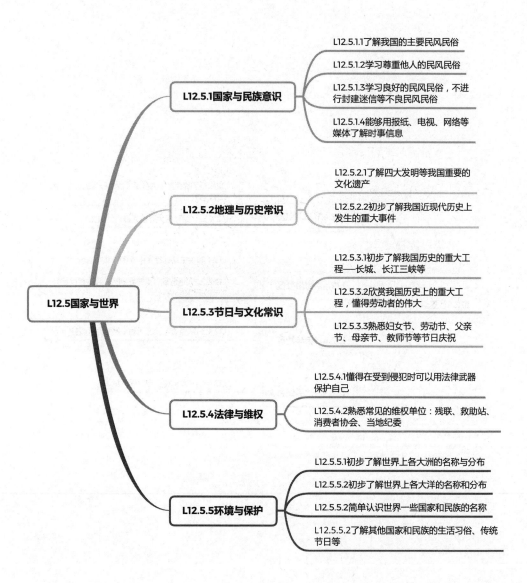

劳动技能

劳动技能课程层级目标体系内容与使用说明

劳动技能课程层级目标体系（以下称"目标体系"）是以教育部发布的《国家课标》为依据，在广泛征求专家和一线骨干教师意见的基础上，结合培智学校学生的身心发展特点编制而成。

劳动技能课程层级目标内容说明

劳动技能是一门实践性和综合性的课程。由于专职的劳动技能教师很少，多数学校的劳动技能课程是由其他学科的教师兼授。因此，教师迫切需要一套较为详细具体的劳动技能课程目标体系，针对每个学生的不同能力层级水平开展教学，帮助特殊学生更好地适应生活，为他们未来融入社会、参与社会生活和就业打好基础。为此，劳动技能课程层级目标体系立足学生的生活需要，围绕生活必备的劳动技能，包括自我服务、家务劳动、公益劳动和简单生产劳动技能四类技能，强调从"做中学"。目标体系的编写在内容上注重实践性、综合性、实用性与基础性；在结构上，以分层级、分模块的形式呈现，渗透学生劳动态度、劳动意识和劳动习惯的养成。

劳动技能课程层级目标结构说明

第一，纵向能力水平特点。

纵向层级指学生能力水平，包含 L4—L12 九个等级。教学实践中，同一学段的学生个体差异明显。同一教学内容，教师需要针对不同学生弹性处理教学内容和教学目标。因此，我们在《国家课标》的基础上，对目标指标进行调整和细化，并按照学生发展规律与发展水平，用九个等级进行划分。随着等级的升高，学习内容由易到难，由简到繁，螺旋上升。教师要尊重学生个体差异，根据学生程度和能力水平选择相对应的层级，制订个别化教育计划、学科计划和课时计划，选择相应的教学内容和策略手段。纵向能力水平是一个半开放的结构。

第二，横向目标内容层级特点。

横向层级指不同学习领域的目标指标层级。以"个人生活"为基础，向家庭生活、社区生活和社会生活不断扩展延伸，分为自我服务、家务劳动、公益劳动和简单生产劳动技能四个学习领域模块，即思维导图中的一级指标。思维导图中的二级指标，指学习领域下的40个目标指标项目，此内容可作为个别化教育计划长期目标参考。三级指标有134个，可作为单元或主题教学目标和内容参考。四级指标有314个，可作为课程教学目标参考。学习领域模块内容在不同层级中各有侧重，L4—L6以自我服务劳动、简单家务劳动和简单公益劳动为主；L7—L9在自我服务劳动技能的基础上，提高家务劳动和公益劳动的难度；L10—L12不仅增加了简单生产劳动和公益劳动的难度，还增加了职前教育的一些内容。自我服务领域随着水平的提高，所占的比例相应减少；家务劳动、公益劳动技能和简单生产劳动随着水平升高，所占的比例逐渐增加。

劳动技能课程层级目标使用说明

各个水平目标指标在体系中保持相对独立，但在教学实践中，教师必须注意各个层级内容之间的相互衔接与关联。新技能必须在学生已有技能的基础上教学。这样做，既可以调动学生的积极性，也可以达到巩固已有技能的目的。

生活自理技能和家务劳动技能都与学生的日常生活密切联系。为了提高教育效果，可以创设情境强化对知识技能的理解和掌握，以此实现对技能的综合运用，引导学生把新学到的劳动技能迁移到实际生活中去，坚持做到学了就用、学与用密切结合。为此，必须采取有效的方法，加强对学生的观察和监督，做好记录，经常评价与分析。

学习任何一种劳动技能，对于学生而言都不是轻而易举的事情，不能指望让他们一两节课就学会，而是根据他们的学习特点，反复多循环地练习。四级指标的目标标准中，教师可以针对学生提出不同的学习要求，分为体验、初步学会、学会等不同层次要求。

教学前，必须分析学生的劳动技能学习需要、劳动技能学习特点和劳动技能学习现状等。对学生进行劳动技能各种评估和前期测量，为教学选择相应层级提供依据。由于学生个体间与个体内的差异较大，在教学过程中，教师要坚持个别化的教学原则，在评估的基础上，根据学生的不同特点、能力水平选择合适的层级和教学内容。如学生 A，通过评估发现该生的自我服务劳动技能在 L6 水平，但是他的简单生产劳动技能在 L9 水平，教师就可以在不同层级选择不同的学习领域模块目标作为教学参考。

　　由于地域和学校实际情况的差异，目标体系中标注星号的部分作为选择性内容。教师在教学中，可以根据条件选择是否教学。具体内容也可因地制宜加以改变，让它更加贴近生活。

劳动技能课程层级目标

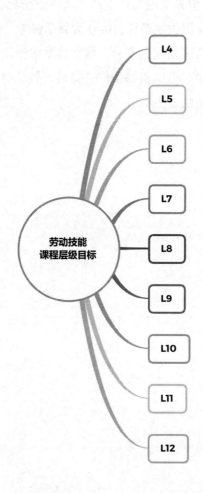

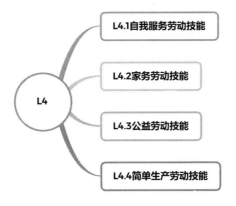

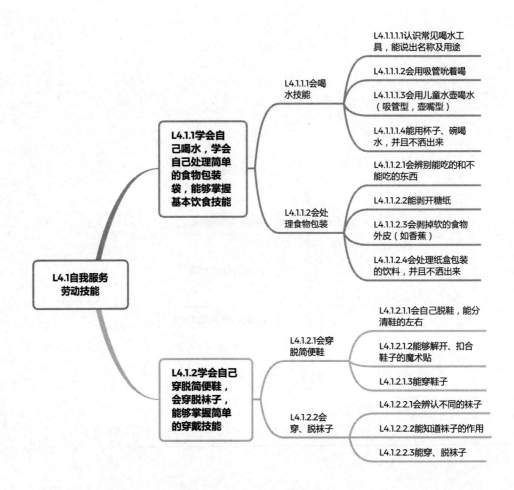

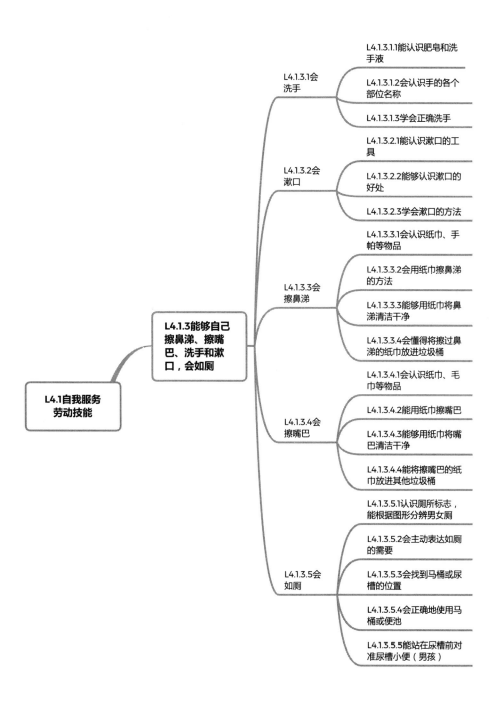

第三部分 培智学校课程层级目标及使用说明

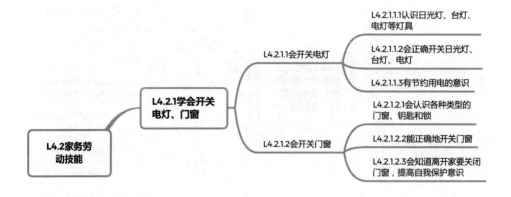

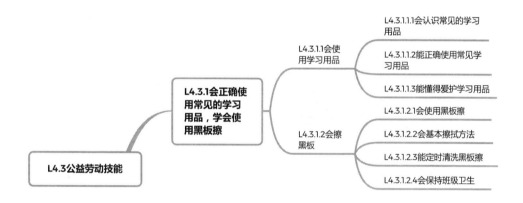

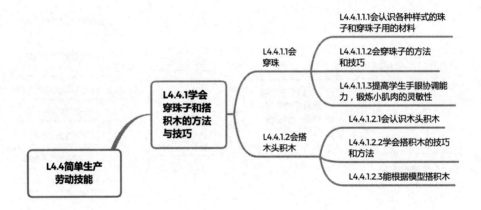

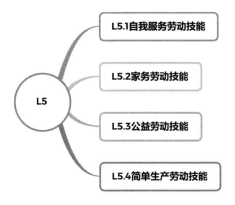

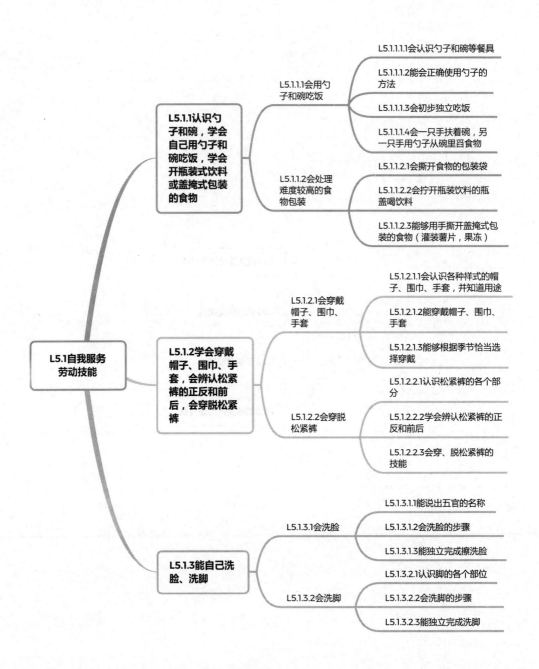

L5.2 家务劳动技能

L5.2.1 会使用家具物品和床上用品，会使用门铃和接听电话，能摆放餐具，会开关电风扇和整理书包

L5.2.1.1 会使用家具、床上用品等常见物品
- L5.2.1.1.1 能认识常用家具，了解其用途
- L5.2.1.1.2 会认识床上用品（被子、枕头）
- L5.2.1.1.3 会正确使用床上用品
- L5.2.1.1.4 会正确使用家具

L5.2.1.2 会使用门铃
- L5.2.1.2.1 会认识门铃以及辨别声音
- L5.2.1.2.2 会了解门铃的用途
- L5.2.1.2.3 能够正确使用门铃，初步具备防范意识

L5.2.1.3 会接听电话
- L5.2.1.3.1 会认识手机来电页面、接听键和挂机键
- L5.2.1.3.2 学会接听电话以及挂电话
- L5.2.1.3.3 接听电话时能使用文明礼貌用语

L5.2.1.4 会摆放餐具
- L5.2.1.4.1 会认识碗、筷、勺三种餐具的名称及用途
- L5.2.1.4.2 会掌握碗、勺、筷的摆放位置
- L5.2.1.4.3 能按人数摆放餐具
- L5.2.1.4.4 能做些力所能及的家务活

L5.2.1.5 会开关电风扇
- L5.2.1.5.1 会看懂风扇开关的数字档
- L5.2.1.5.2 会认识各档对应的风量大小
- L5.2.1.5.3 会根据需要调试风扇开关

L5.2.1.6 会整理书包
- L5.2.1.6.1 会初步整理书包的方法
- L5.2.1.6.2 会有序、合理摆放各类文具
- L5.2.1.6.3 养成整理物品的良好习惯

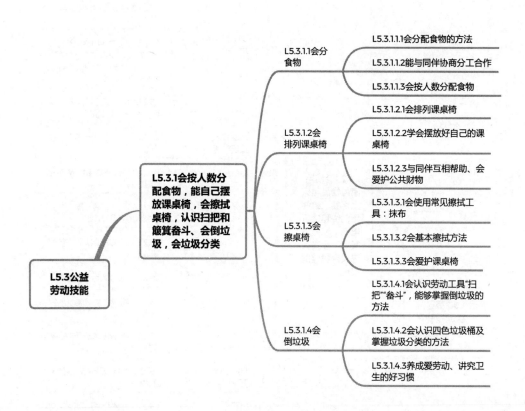

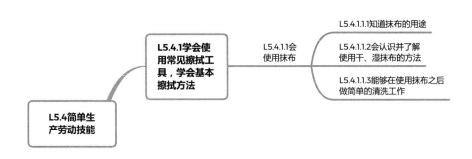

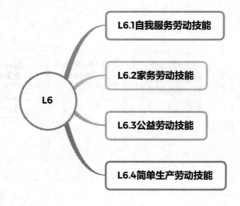

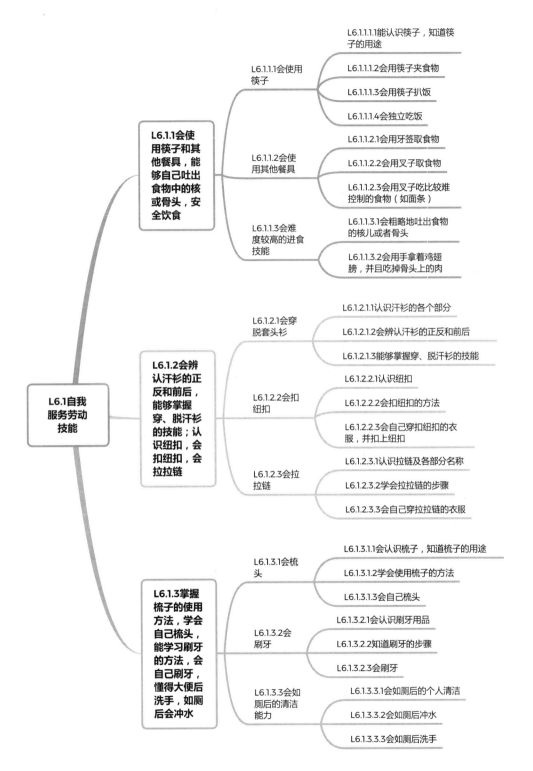

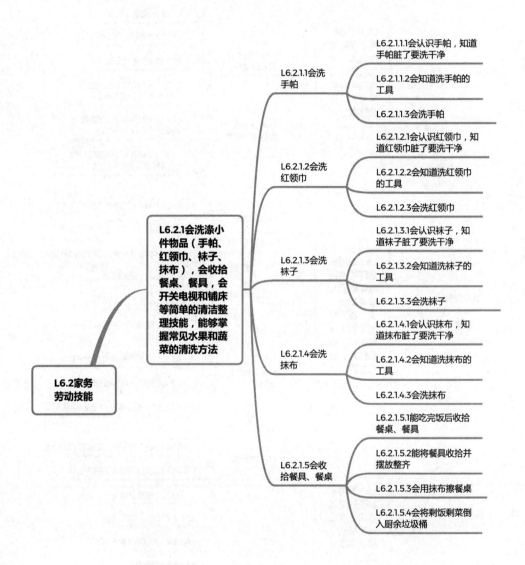

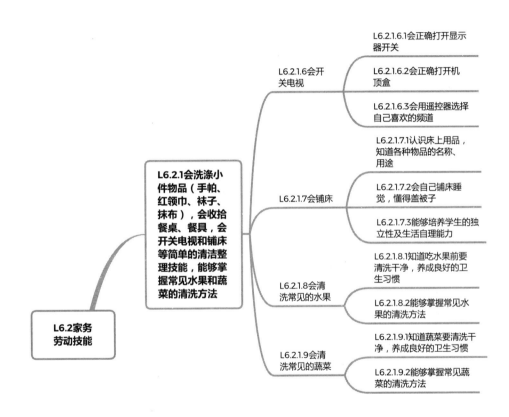

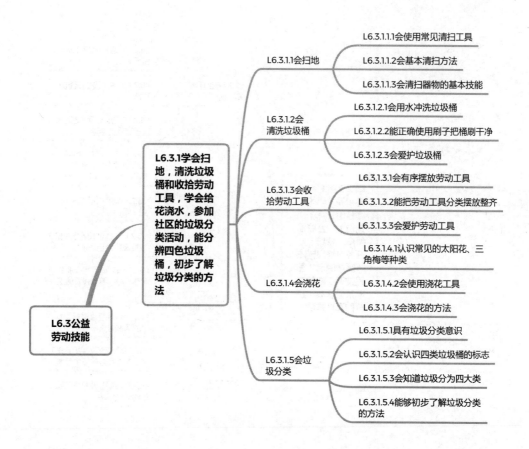

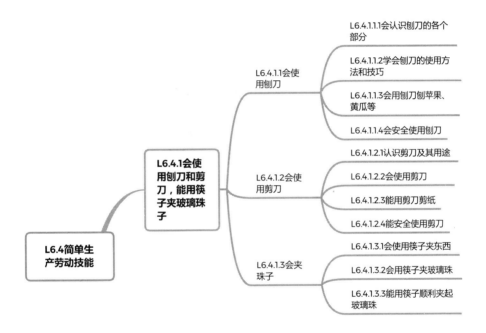

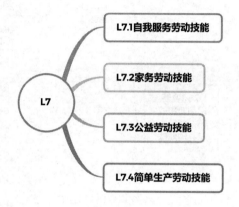

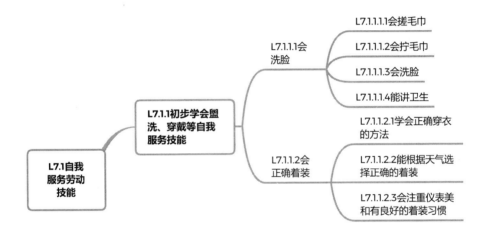

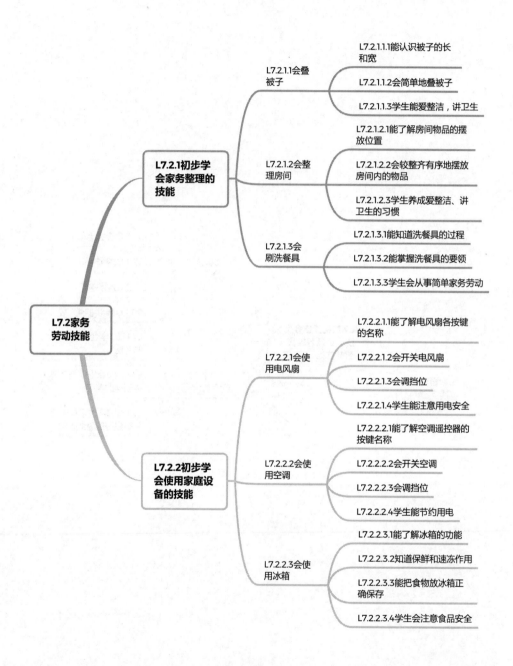

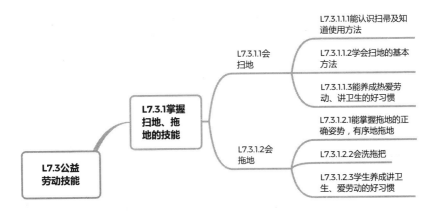

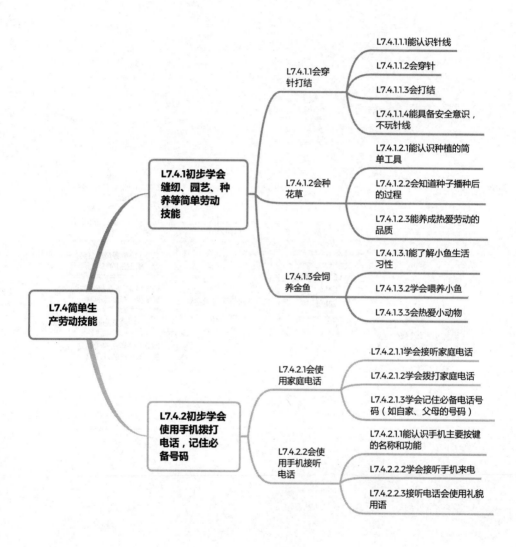

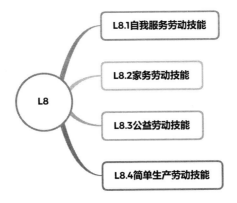

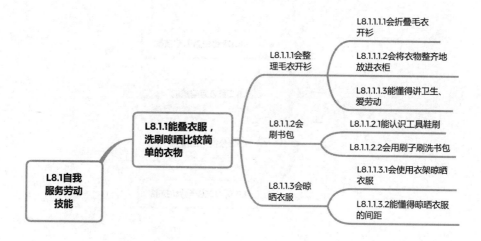

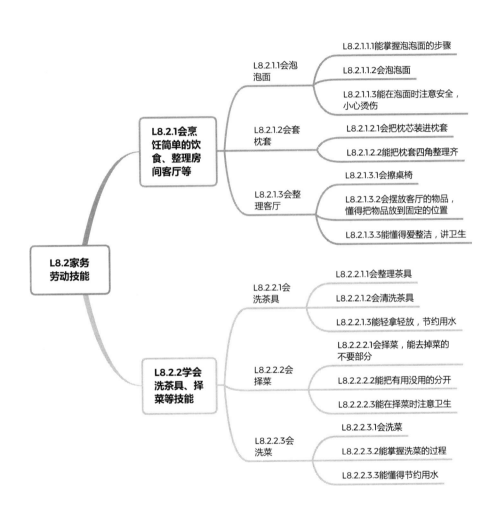

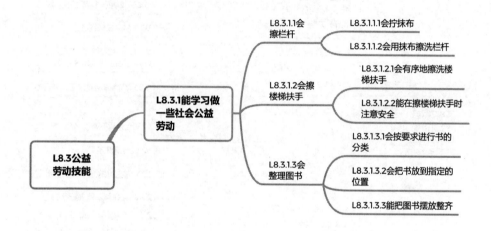

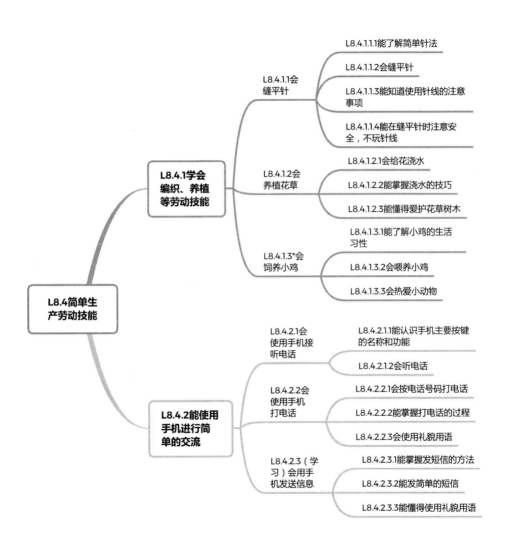

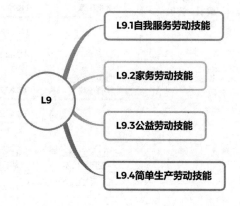

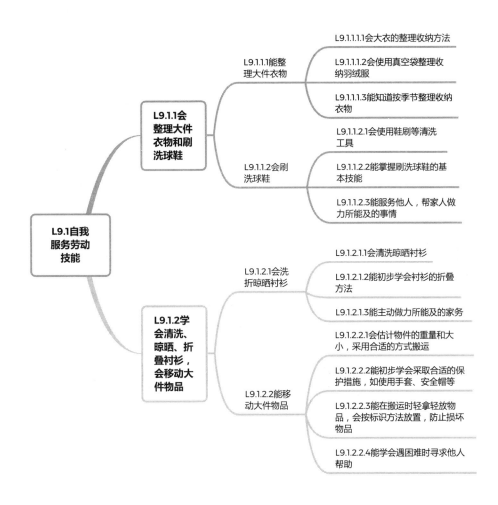

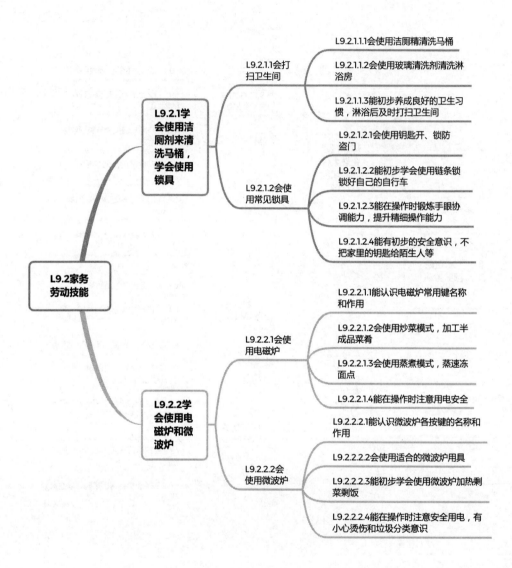

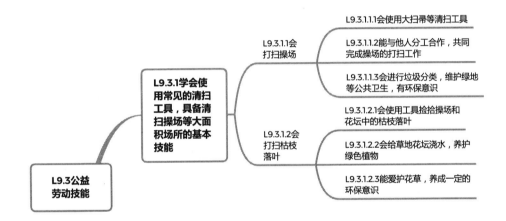

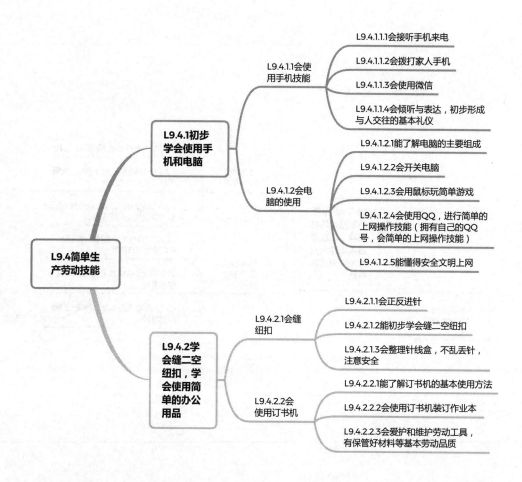

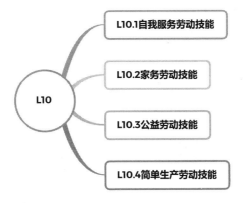

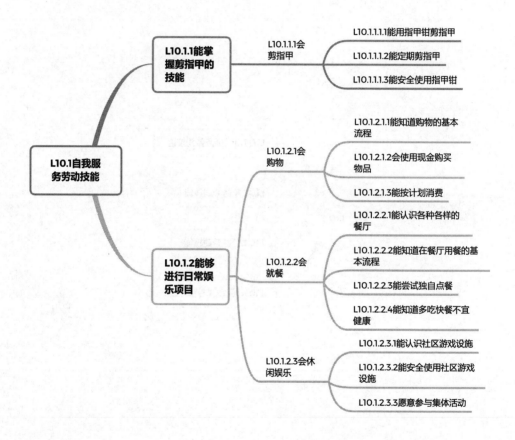

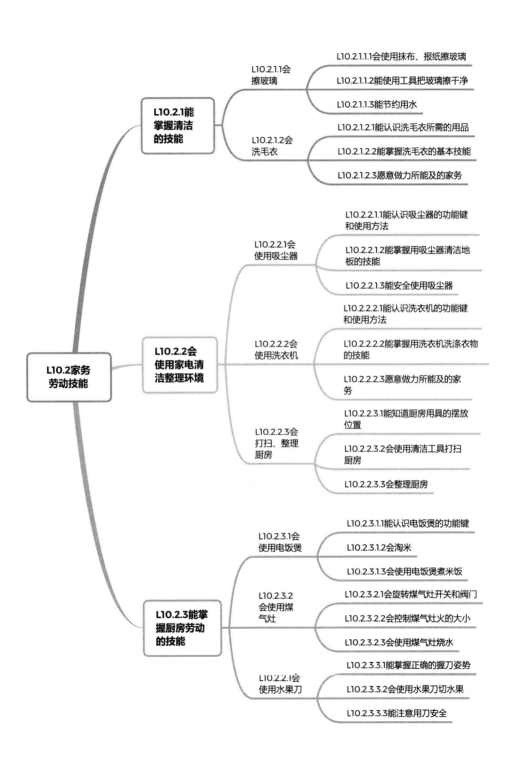

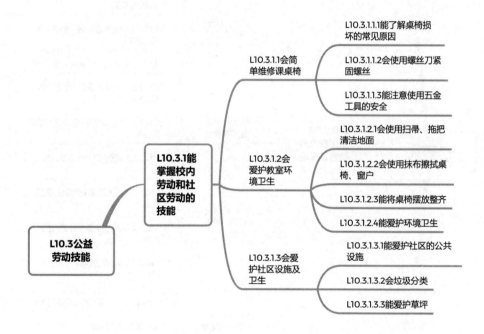

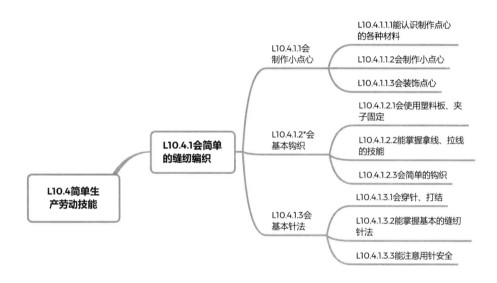

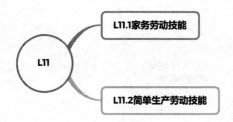

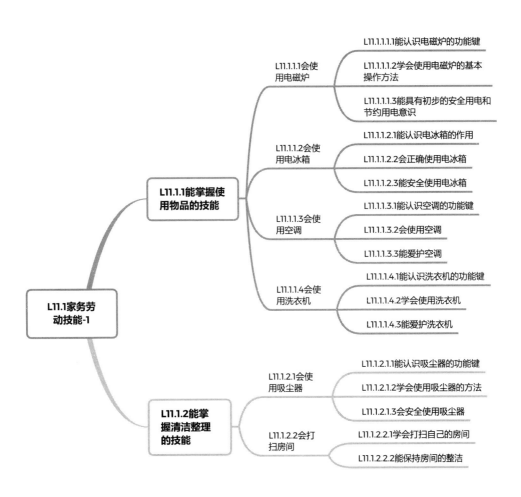

第三部分 培智学校课程层级目标及使用说明

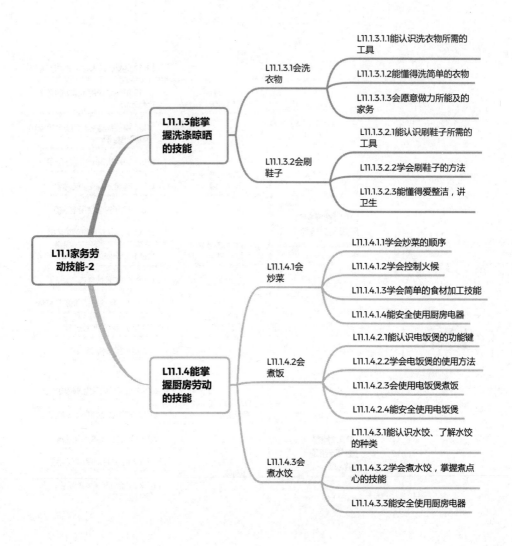

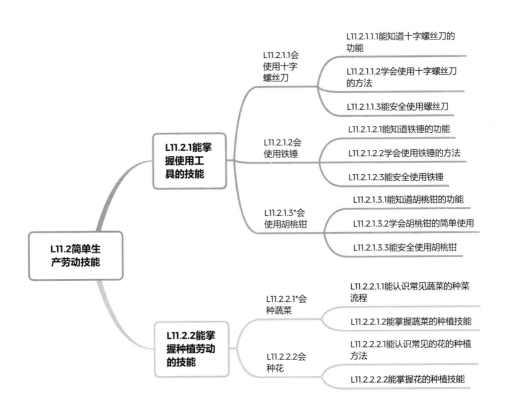

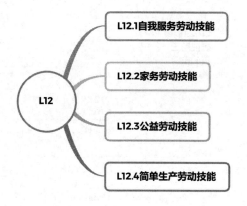

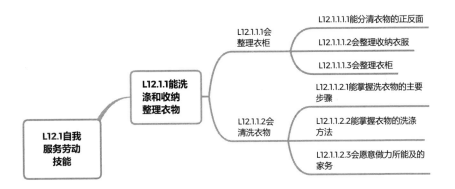

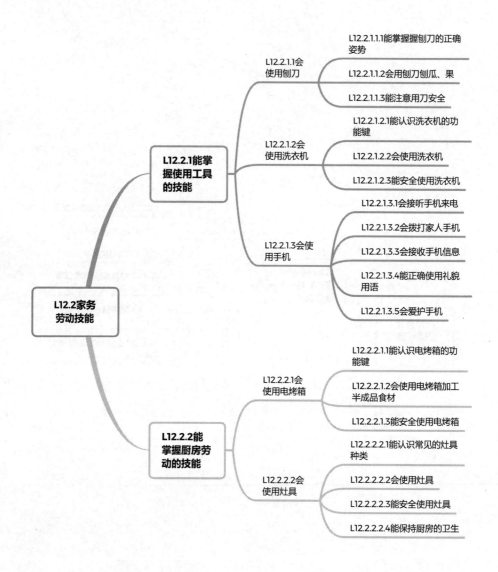

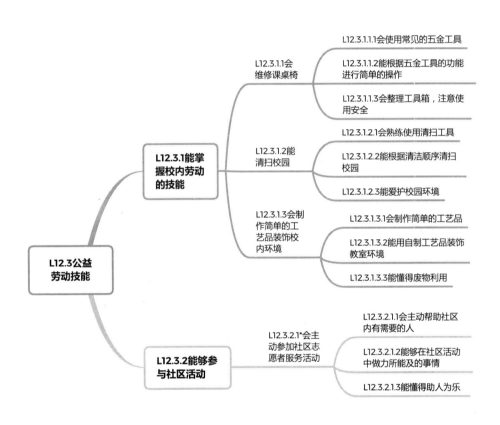

第三部分 培智学校课程层级目标及使用说明

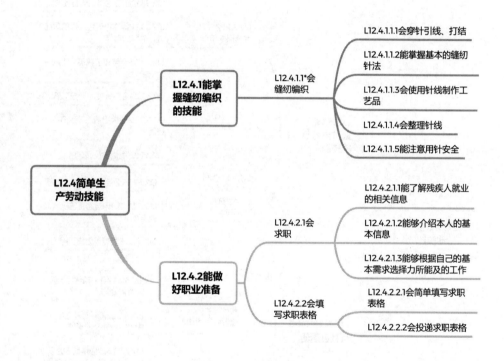

唱游与律动

唱游与律动课程层级目标体系内容与使用说明

唱游与律动课程层级目标体系（以下简称"目标体系"）是以教育部2016年发布的《国家课标》为依据，同时参照《义务教育音乐课程标准（2011年版）》《3—6岁儿童发展与学习指南（艺术领域）》，在深入分析和借鉴国内外相关研究成果，广泛征求专家和一线骨干教师意见的基础上，遵循音乐教育学科特点，结合培智学校学生身心发展特点编制而成。

唱游与律动课程层级目标体系的内容说明

第一，研制内容的背景。

2016年11月，教育部发布《国家课标》，指出唱游与律动是开展素质教育、实施美育的重要课程，对于开发培智学校学生的潜能，促进身心和谐发展，提升生命质量具有重要意义。"唱游"与"律动"作为培智学校音乐教育的重要内容和实践方式，体现了培智音乐教育的特殊性。课程强调生活化、实践性、愉悦性和趣味性，注重通过感知和参与发展学生的相关音乐能力，激励学生进行美感体验。

目标体系在思想性和原则性上与国家课标保持一致，在设计和实践方面强调地域与校本的实际需求。在学科设置上，既与课标保有共性，又在分模块与分层级上凸显目标体系弹性化的特点。

第二，研制内容的意义。

2007—2009年，我市对部分学科的课程内容进行研究，形成相关的教材，为我市特殊教育教学的规范化、科学化发展奠定了基础。但随着时代发展，这些教材逐渐不适应特殊教育对象的变化及特殊教育课程理念的发展趋势，直接影响教学质量的进一步提高，制约着学生能力水平的提升。虽然各校在积极开发校本教材，但仍存在很多局限性，很难满足不同地域学生的学习和发展需要。调查发现：厦门市各类特殊教育学校和辅读班的教师在落实课程标准以及撰写教学目标上都存在目标笼统、设计随意的问题。

本目标体系旨在形成一套兼具科学性和适用性的培智学生音乐学习能力发展评价体系。特殊教育教师在教学工作中，通过这套具体明确、便于操作、易于检测的课程层级目标体系，为他们制订和实施 IEP 目标内容的选择提供参照。另外，目标体系还能够实现以评促教、以评促学，促进特殊的教育课程教学改革，提升特殊教育教学质量。

第三，研制内容的设计思路。

目标体系采用行动研究法，将国家课程与个别化教育目标相联系、个别化教育目标与具体学校教学目标相关联、教学目标与教育评价相结合、教育评价与课堂教学相链接。通过问卷访谈，了解特殊教育教师的教学需求及学生的学习需求。在国家课标的基础上，对目标指标进行调整和细化，并按照学生发展规律与发展水平进行更加细致的层级划分，形成目标体系初稿。在此基础上，采用德尔菲法进行统计分析，不断实验调整，三次修改层级目标，通过课堂实践进行检验论证，最终定稿（如下图）。

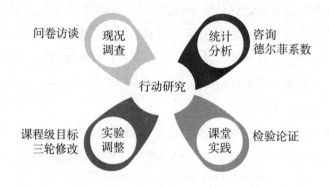

唱游与律动课程层级目标体系的结构说明

目标体系的结构分为纵向和横向两个维度，并以思维导图的形式具体呈现了唱游与律动课程目标体系的结构及逻辑关系。

第一，纵向能力水平层级特点。

纵向能力水平按照培智学校学生的能力分为 L4—L12 九个等级。当前，国家课标是按低、中、高三个学段划分层次，但在教学实践中，由于特殊教育同一学段的学生个体差异较大，国家课标需要更大的弹性处理以适应实际教学。因此,目标体系是在国家课标的基础上,对目标指标进行调整和细化,并按照学生音乐能力发展规律与发展水平,用九个层级划分。在目标体系中,教师可根据学生个体实际情况,寻找相对应的能力水平,制订个别化教育计划、学科计划、课时计划,并选择相应的教学内容和策略手段。纵向能力水平层级是一个半开放结构。L1—L3水平为部分无法达成国家课标的极重度学生在某些学习领域预留目标空间,设置了三项"先备学习能力":能对他人的行为有所反应;具备听简单指令的能力,并作出相应反应;会自己制造声音。L12以上不设上限,为在某些学习领域具有突出发展潜能的学生预留更高水平的学习目标空间。

第二,横向目标内容层级特点。

横向目标内容层级涉及不同的学习领域,根据《国家课标》,将唱游与律动分为"感受与欣赏""演唱""音乐游戏""律动"四个学习领域。思维导图中的一级指标为四个学习领域。二级指标是各学习领域下的目标指标项目,可作为个别化教育计划长期目标的参考。这一部分内容参照《国家课标》中各领域不同学段的目标要求,共56条。三级指标是细化的各目标指标项目的具体标准,可作为单元或主题教学目标参考,共174条。横向目标内容层级如下图所示。

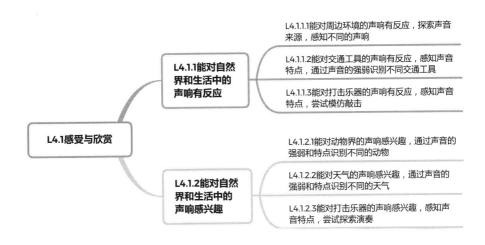

(该图截取自唱游与律动课程目标体系水平L4级"感受与欣赏"领域目标)

唱游与律动课程层级目标体系的使用说明

第一，目标体系使用说明。

教师制订个别化教育计划时，应先对教学对象的起点能力进行评估，确定学习能力水平，再参照目标体系的内容制订学习计划。根据横向指标的二级和三级目标制订教学对象的长期目标和短期目标，再根据长短期目标制订相应的课时目标，以此实现教学目标。

第二，目标体系使用说明范例。

以一年级新生为例，如果学生经语言评估、听觉反应、动作模仿、音高感四个维度，学习能力水平低于L4层级，则降低学习难度，根据L1—L3"先备学习能力"制订学生可发展的能力指标。如果学生学习能力水平在L4层级的起点，即具备聆听、模仿、参与游戏和语言能力，则依据水平L4层级四个领域的目标指标制订学生的个别化教育计划，包括长短期目标，确定教学内容。其后L5—L12水平各目标指标的使用方法同上（流程说明见下图）。

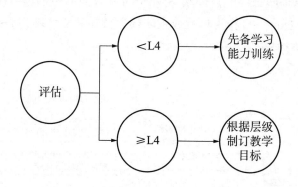

唱游与律动课程层级目标

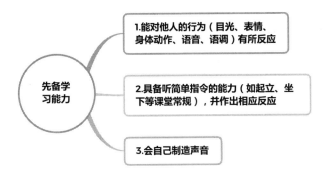

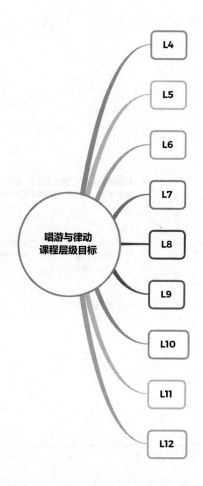

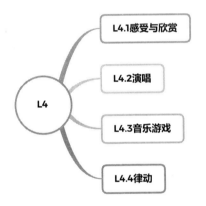

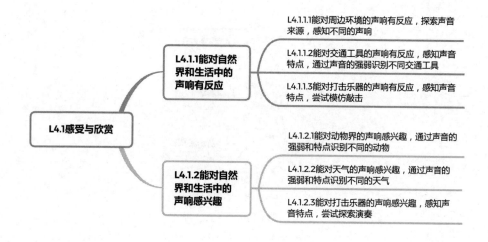

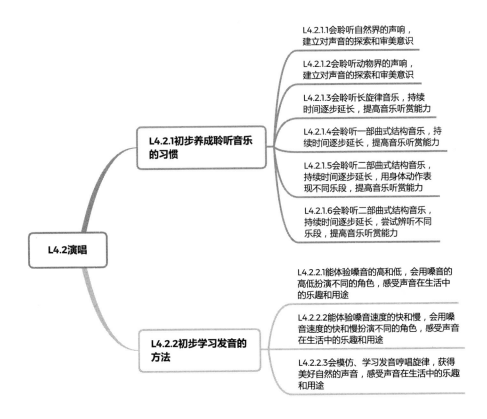

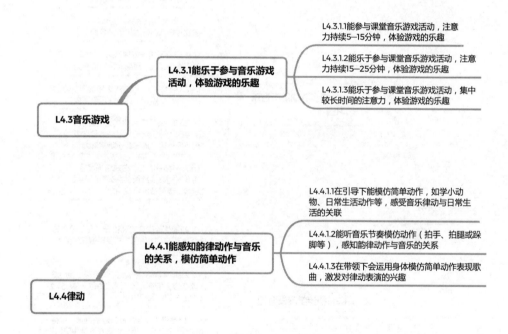

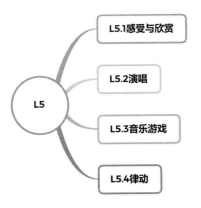

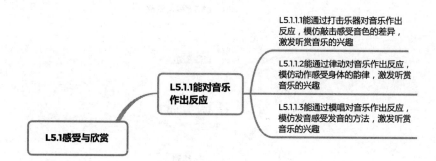

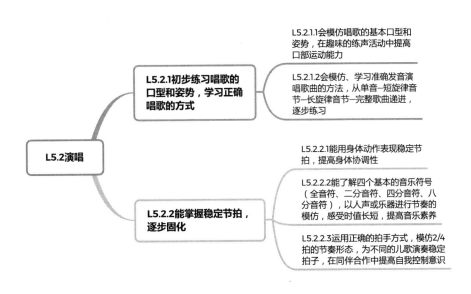

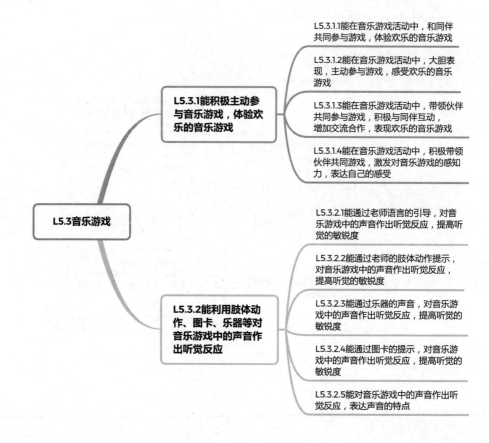

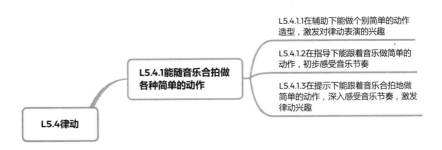

```
                                                    ┌─────────────────────────────────────┐
                                                    │ L6.1.1.1能在音乐游戏中，聆听音乐      │
                                                    │ 形象鲜明、结构简单的儿童歌曲、        │
                                                    │ 进行曲等，初步感受声音的强弱、        │
                                                    │ 快慢、高低、长短                     │
                          ┌──────────────────────┐  ├─────────────────────────────────────┤
                          │ L6.1.1能聆听音乐，初步│  │ L6.1.1.2能在音乐游戏中，聆听儿歌、   │
                          │ 感受声音的强弱、快慢、├──┤ 颂歌、格调健康的流行歌曲等各种体     │
                          │ 高低、长短            │  │ 裁和类别的歌曲，随着歌曲轻声哼唱     │
┌──────────────┐          └──────────────────────┘  │ 或默唱，感受声音的强弱、快慢、高     │
│ L6.1感受与欣赏│──────                              │ 低、长短                            │
└──────────────┘                                    └─────────────────────────────────────┘
```

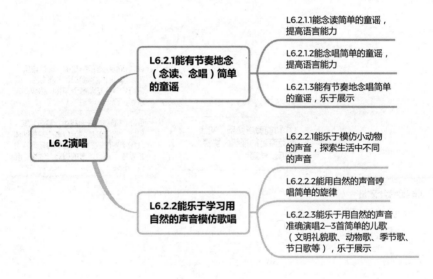

- L6.3 音乐游戏
  - L6.3.1 在音乐游戏中,能初步配合音乐作出对节奏、速度、力度的反应
    - L6.3.1.1 能在音乐游戏中,初步配合不同速度的音乐,用肢体、乐器等进行相应的表现
    - L6.3.1.2 能在音乐游戏中,初步配合不同力度的音乐,用肢体、乐器等进行相应的表现
    - L6.3.1.3 能在音乐游戏中,初步配合2/4拍的音乐,用肢体、乐器等表现相应的节奏

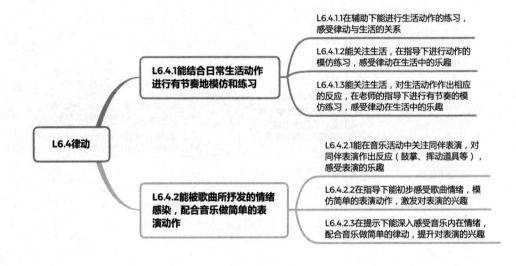

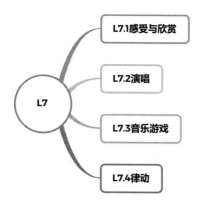

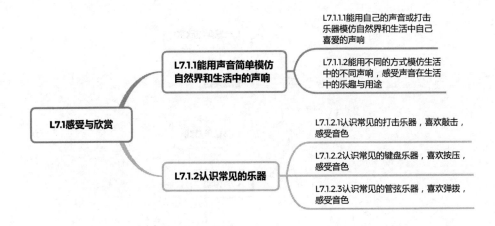

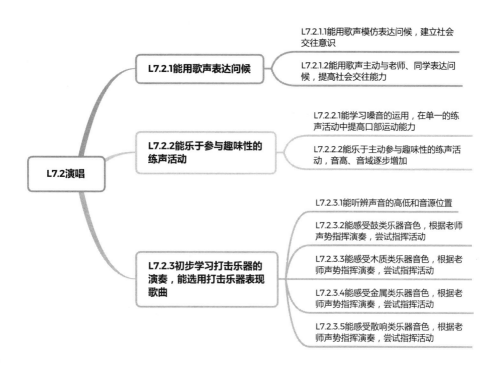

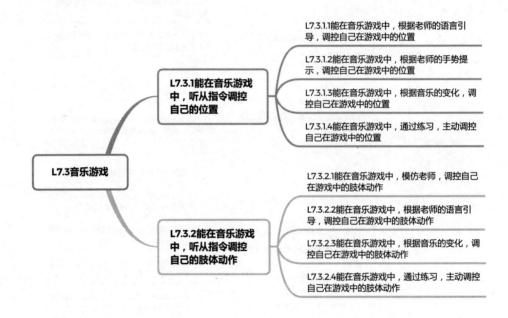

L7.4 律动

L7.4.1 喜欢参加韵律活动，感受与他人合作，体验其中的快乐

- L7.4.1.1 在引导下能参与律动活动，体验与他人合作的快乐
- L7.4.1.2 能积极主动参与律动活动，感受与他人合作的快乐

L7.4.2 能随音乐控制、协调、配合肢体动作

- L7.4.2.1 能感受音乐节奏，在指导下跟随老师模仿简单的动作，感受表演乐趣
- L7.4.2.2 能听辨音乐节奏，模仿连贯性动作表现歌曲，感受表演乐趣
- L7.4.2.3 能跟随音乐，控制肢体动作模仿表现歌曲，提升对表演的兴趣

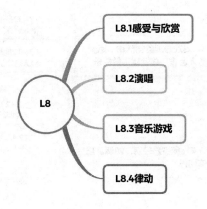

```
L8.1感受与欣赏 ── L8.1.1能听辨声音的强弱、快慢、高低、长短 ┬ L8.1.1.1能听辨声音的快慢，用喜欢的方式表现音乐
                                                    ├ L8.1.1.2能听辨声音的长短，用喜欢的方式表现音乐
                                                    ├ L8.1.1.3能听辨声音的强弱，学习相应音乐符号
                                                    └ L8.1.1.4能听辨声音的高低，用喜欢的方式表现音乐
```

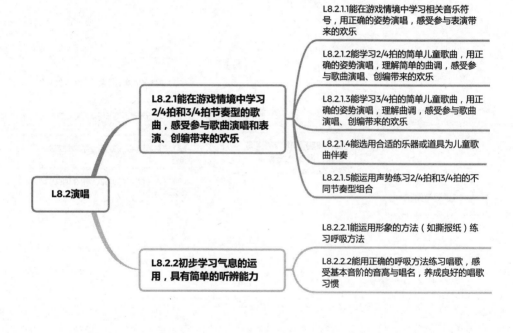

- L8.3 音乐游戏
  - L8.3.1 在音乐游戏中,能对节奏、速度、力度、音高等作出基本准确的反应
    - L8.3.1.1 在音乐游戏中,能用肢体、乐器等对音乐的速度进行基本准确的反应
    - L8.3.1.2 在音乐游戏中,能用肢体、乐器等对音乐的力度进行基本准确的反应
    - L8.3.1.3 在音乐游戏中,能用肢体、乐器等对2/4拍和3/4拍音乐的节奏进行基本准确的反应
    - L8.3.1.4 在音乐游戏中,能用肢体、乐器等对音乐的音高进行基本准确的反应

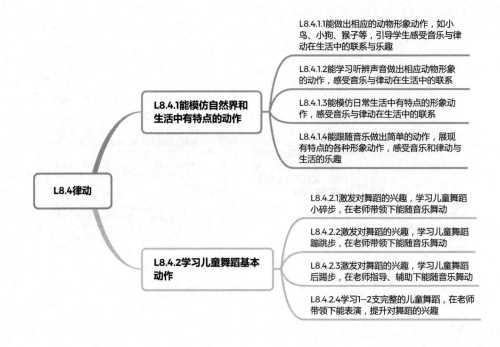

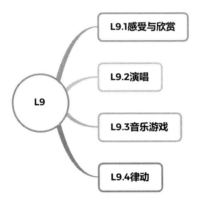

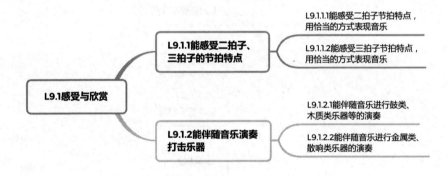

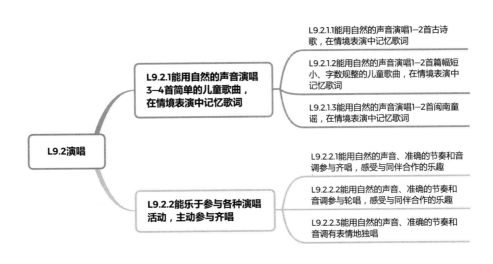

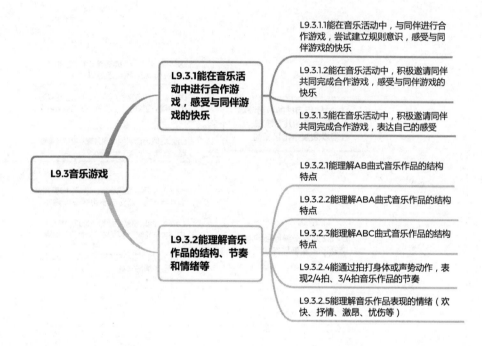

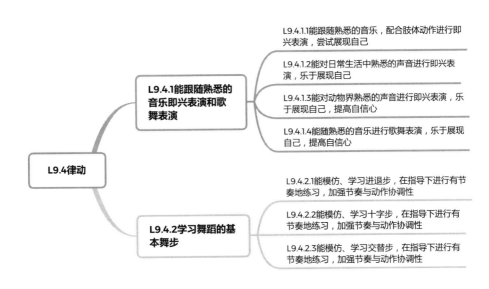

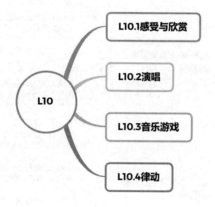

```
L10.1感受与欣赏 ── L10.1.1能用简单的语言、表情、动作表达听到不同乐曲的情绪（如欢快、忧伤等）
    ├── L10.1.1.1能体验不同情绪的音乐，自然流露出相应的表情或作出体态反应
    ├── L10.1.1.2能体验并简单说出音乐情绪的相同与不同
    ├── L10.1.1.3能听辨不同情绪的音乐，作简要分类描述
    └── L10.1.1.4能体验并描述一曲中音乐情绪的变化
```

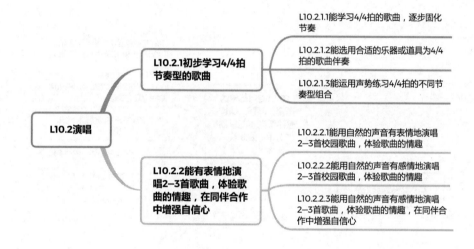

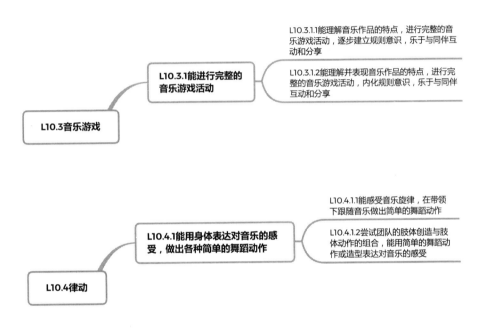

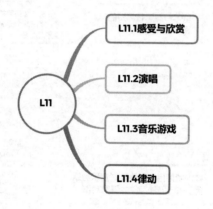

- L11.1 感受与欣赏
  - L11.1.1 欣赏不同国家、地区、民族的儿歌、童谣、乐曲，初步感受不同的风格
    - L11.1.1.1 能初步感受不同国家、地区、民族的儿歌、童谣、乐曲
    - L11.1.1.2 能根据不同国家、地区、民族的儿歌、童谣、乐曲的特点和风格进行分类
    - L11.1.1.3 能在聆听不同国家、地区、民族的儿歌、童谣、乐曲后说出感受
    - L11.1.1.4 能通过绘本、戏剧、音乐剧、即兴表演、剪纸、茶艺、故事配乐等方式感受音乐

- **L11.2 演唱**
  - **L11.2.1 能基本准确（音准、节奏、咬字、吐字等要素）演唱2—3首歌曲**
    - L11.2.1.1 能用自然的声音、准确的节奏和音调演唱2—3首歌曲的主旋律音节
    - L11.2.1.2 能用自然的声音、准确的节奏和音调演唱2—3首歌曲，尝试用图画、线条勾勒出曲意内容
    - L11.2.1.3 能用自然的声音、准确的节奏和音调完整演唱2—3首歌曲，尝试与同伴合作创编歌表演
  - **L11.2.2 能掌握基本的音乐元素，采用不同的力度、速度表现歌曲的情绪**
    - L11.2.2.1 能学习基本的音乐元素，体验不同力度的歌曲情绪，提高音乐表现力
    - L11.2.2.2 能学习基本的音乐元素，体验不同速度的歌曲情绪，提高音乐表现力
    - L11.2.2.3 能掌握基本的音乐元素，采用恰当的力度、速度表现歌曲的情绪，提高音乐表现力

```
                                    ┌─ L11.3.1.1 能在音乐游戏中，理解游戏规则并遵守规则
L11.3 音乐游戏 ─ L11.3.1 能探索新的游戏规则 ─┤
                                    └─ L11.3.1.2 能在音乐游戏中，理解游戏规则，探索新的游戏规则，并遵守游戏规则
```

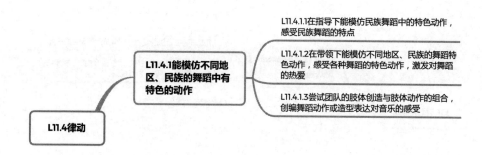

- L12.1 感受与欣赏
  - L12.1.1 能了解与生活密切相关的音乐，收集自己喜爱的音乐作品
    - L12.1.1.1 能通过广播、影视、网络等传播媒体听赏音乐，参与社区或乡村的音乐活动
    - L12.1.1.2 能关注日常生活中的音乐，主动从广播、影视、网络等传播媒体听赏音乐，主动参与社区或乡村的音乐活动
    - L12.1.1.3 能养成关注、收藏音乐作品的习惯，同他人进行音乐交流，用自己喜欢的方式（言语、绘画、图像、动作等）表达对音乐的感受

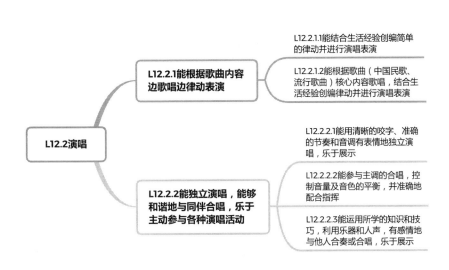

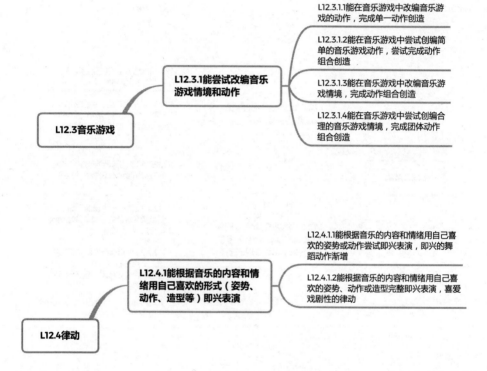

绘画与手工

绘画与手工课程层级目标体系内容与使用方法

绘画与手工课程层级目标体系（以下简称"目标体系"）是以 2016 年发布的《国家课标》为依据，在深入分析和借鉴国内外相关研究成果，广泛征求专家和一线骨干教师意见的基础上，结合培智学校学生的身心发展特点编制而成。

绘画与手工课程层级目标体系内容说明

目标体系构建了特殊教育学校（培智）绘画与手工课程中学生发展水平标准体系的基本框架。本书对《国家课标》中绘画与手工的目标体系进行因地制宜的调整和细化，形成切合培智学校和学生实际情况的绘画与手工课程层级目标体系。通过"造型·表现""设计·应用""欣赏·评述"和"综合·探索"四个领域的学习，提高培智学校学生的视觉、观察、绘画、手工制作能力，初步学会发现美、感受美和表现美，发展学生的审美情趣和审美能力，学会调整情绪和行为，最终提升社会适应能力。每个领域下设 8 个二级指标、若干三级指标。

目标体系参考借鉴《国家课标》，在思想性和原则性上保持一致，在设计和实践方面强调地域性与学校的实际需求。在学科设置上，既与国家课标有共同性，又在分层级与分模块上凸显了目标体系的弹性化特点。结合培智学校学生的差异性，形成依次递进、前后衔接的结构，促进学生动作技能、感知记忆、思维想象、情绪情感等的发展。

绘画与手工课程层级目标体系结构说明

目标体系的结构分为纵向和横向两个维度，以思维导图的形式具体呈现绘画与手工课程层级目标体系的结构及其逻辑关系。

第一，纵向能力水平目标特点。

纵向能力水平按照培智学校学生的能力分为 L4—L12 九个等级。当前

《国家课标》是按低、中、高三个学段划分层次，但在教学实践中发现，由于特殊教育同一学段的学生个体差异显著，国家课标需要更大的弹性处理以适应实际教学。因此，在《国家课标》的基础上，我们对目标指标进一步调整和细化，并按照学生绘画手工能力的发展规律和水平，将其划分为九个等级。教师可按学生个体的实际情况寻找相对应的能力水平层级，制订个别化教育计划、学科计划、课时计划，并选择相应的教学内容和策略手段。纵向能力水平是一个半开放的结构。L1—L3层级为部分无法达成国家课标的极重度学生在某些学习领域预留目标空间，设置了三项"先备学习能力"：能对他人的行为有所反应；具备听简单指令的能力；会自己制造声音。L12以上不设上限，为在某些学习领域具有突出发展潜能的学生预留更高水平的学习目标空间。

第二，横向层级目标内容特点。

横向层级目标内容涉及不同学习领域，根据国家课标，将绘画与手工分为"造型·表现""设计·应用""欣赏·评述"和"综合·探索"四个学习领域。思维导图中的一级指标为四个学习领域。二级指标是学习领域下的目标指标项目，可作为个别化教育计划长期目标参考。这一部分内容参照国家课标中各领域不同学段的目标要求，共72条。三级指标是细化的各目标指标项目的具体标准，可为单元或主题教学目标提供参考，共208条。横向层级目标内容如下图所示。

绘画与手工课程层级目标体系使用说明

目标体系为教师制订学生IEP提供较具体的目标和内容参照，为绘画与手工课程教学质量的过程性和动态性评估提供了参考。结合课标四个学习领域的目标及内容，教师在制订IEP时，应首先对教学对象的学习能力起点进行评估，确定学习能力水平层级，再参照目标体系制订可行的IEP。

以六年级邵同学为例。邵同学在学期初绘画手工方面的评估结果是：能认识一种颜色，涂色不均匀，速度较慢；会自己随意涂鸦，折纸还需别人辅助，使用剪刀的姿势不正确，能无规则剪；独立动手能力较差。根据评估结果，教师在制订邵同学的IEP长期目标时，在"造型·表现"方面要

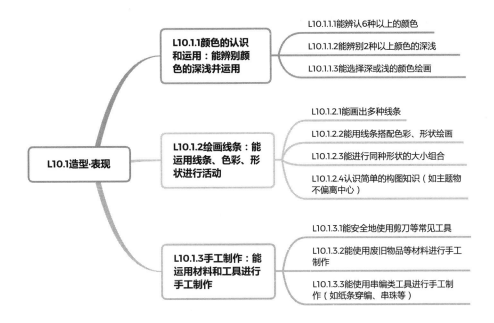

（该图截取自绘画与手工课程目标体系水平 L10 级"造型·表现"领域目标）

以 L4 这一等级为起点，选择二级指标 L4.1.1"认识颜色和运用：能认识 1—3 种颜色"、L4.1.2"绘画线条：认识常见的绘画工具，能抓握工具操作"、L4.1.3"手工制作：学会用撕的方法进行简单的手工制作"，再从三级指标的 14 个子目标中选择适合邵同学的短期目标。同样，在"设计·应用""欣赏·评述"和"综合·探索"方面，教师也以相同的方法根据评估情况，确定邵同学在这三个领域的能力水平，对照目标体系的二级、三级指标制订长短期目标和课时目标。

培智学校学生的能力水平差异性大，教师要以评估结果（学生水平）为起点，选择适合的纵向水平和横向层级目标内容，制订适合学生的 IEP，促进教学活动的针对性和有效性。

绘画与手工课程层级目标

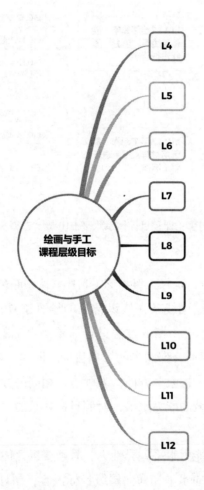

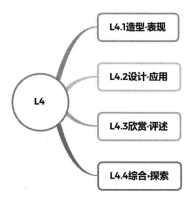

第三部分 培智学校课程层级目标及使用说明

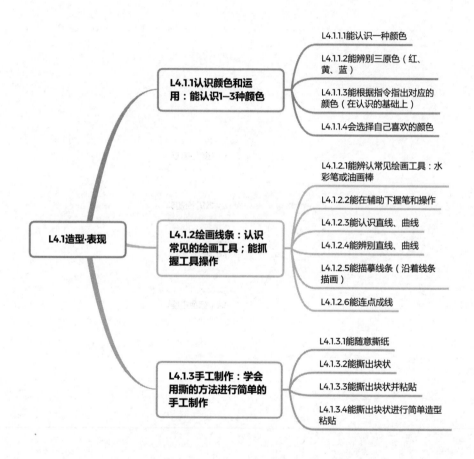

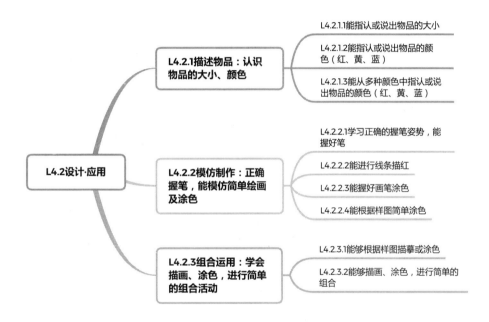

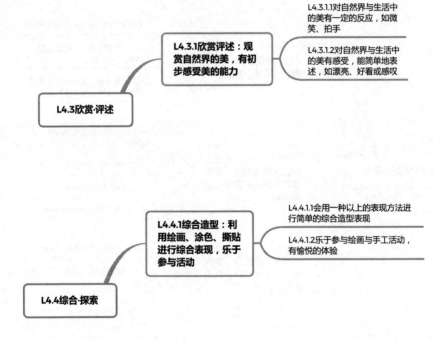

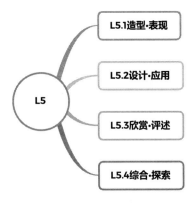

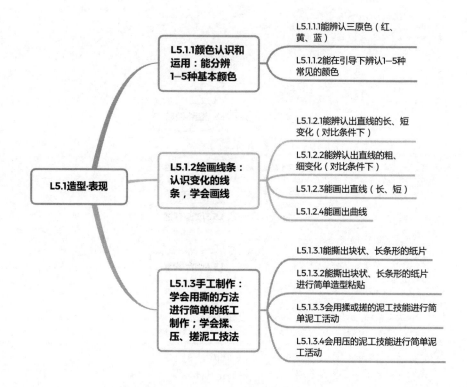

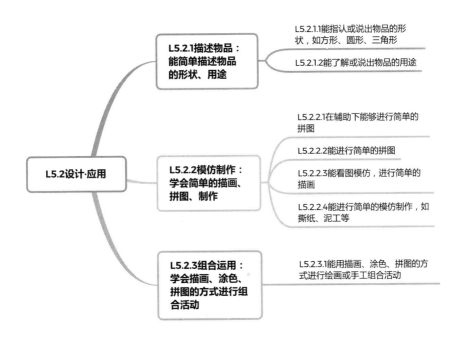

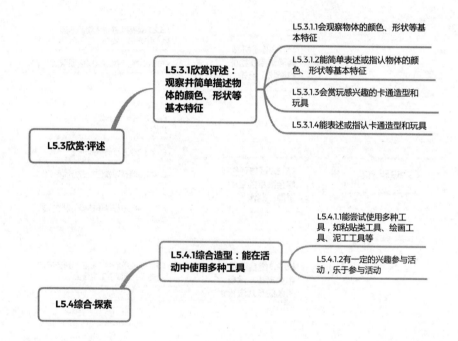

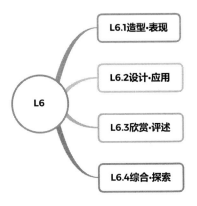

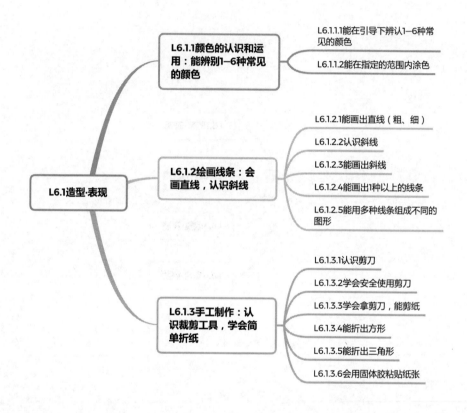

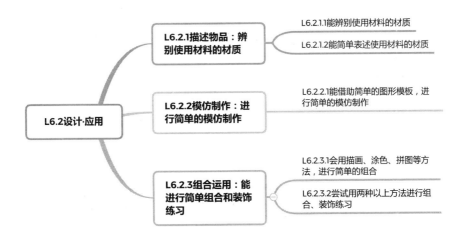

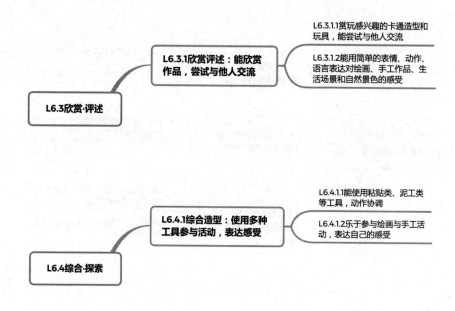

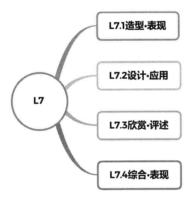

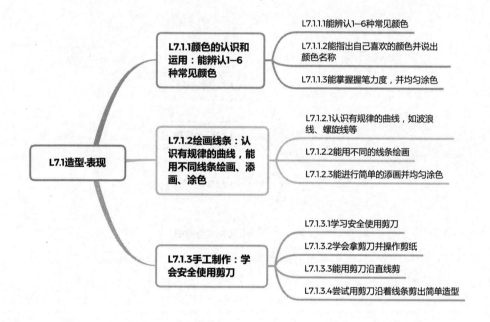

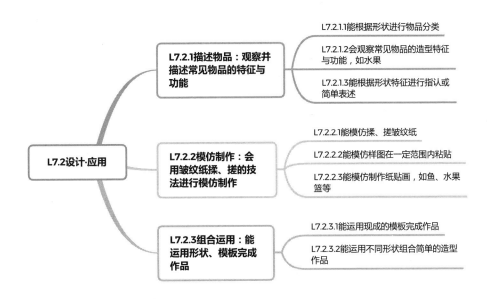

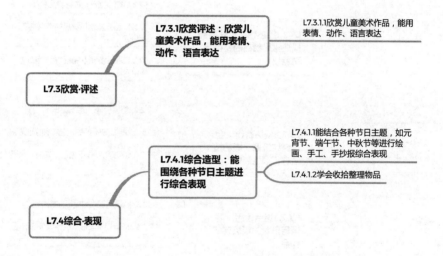

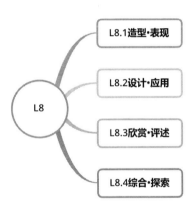

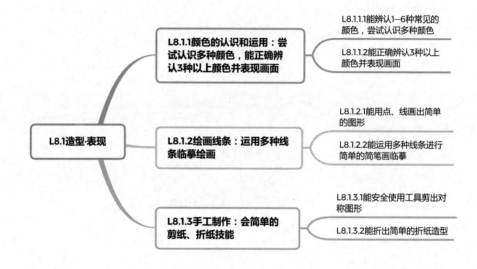

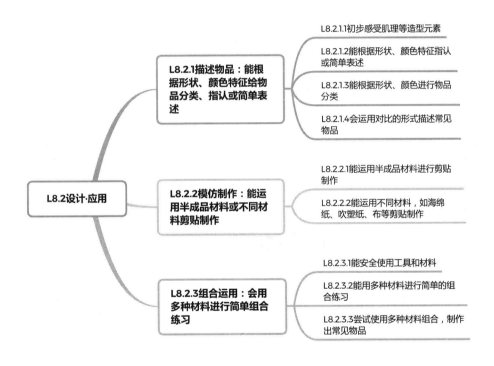

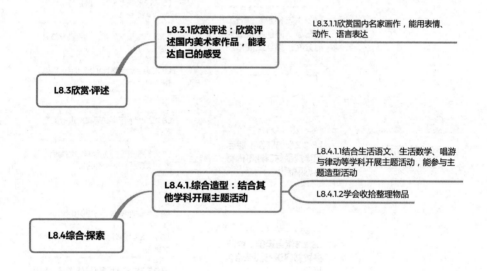

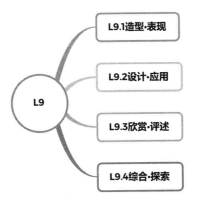

第三部分 培智学校课程层级目标及使用说明

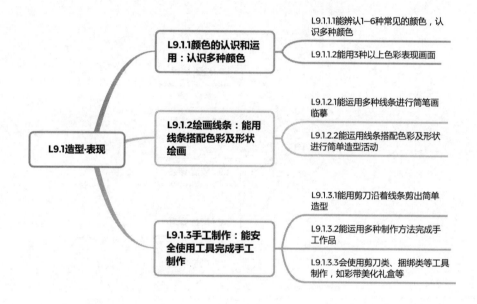

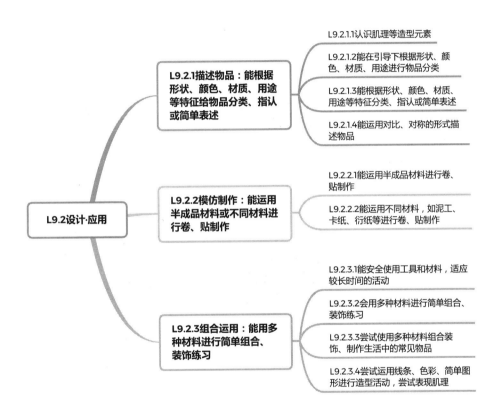

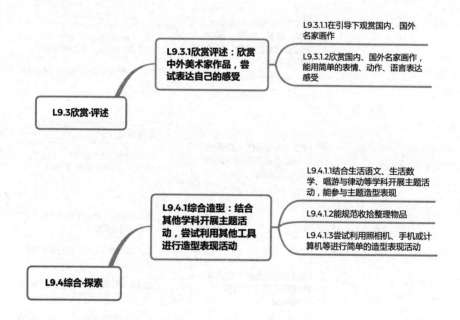

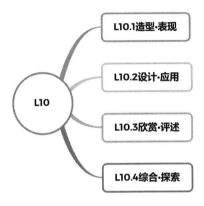

第三部分 培智学校课程层级目标及使用说明

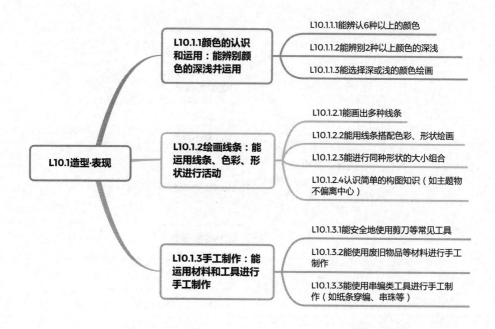

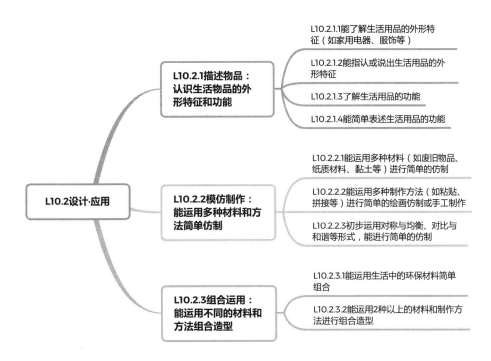

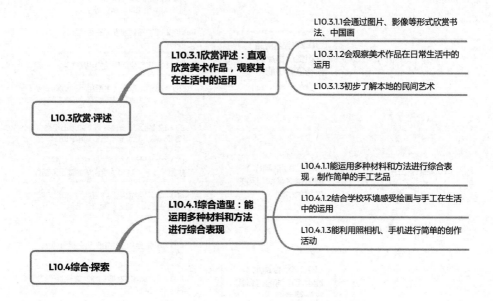

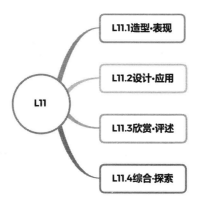

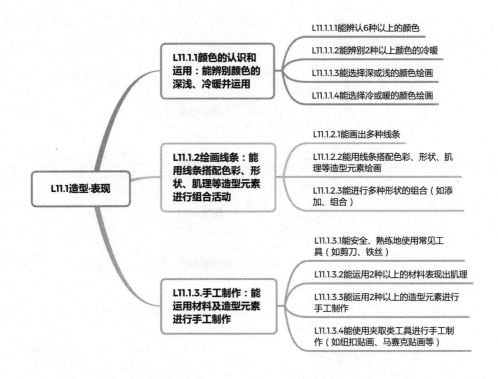

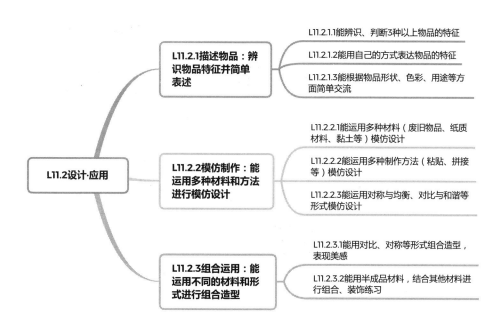

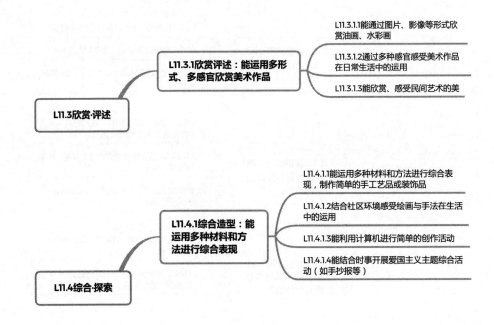

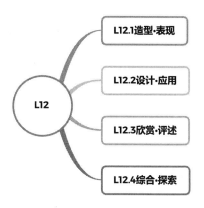

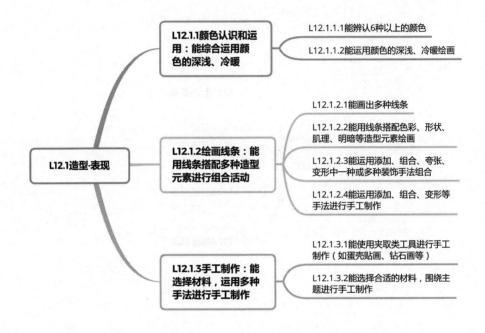

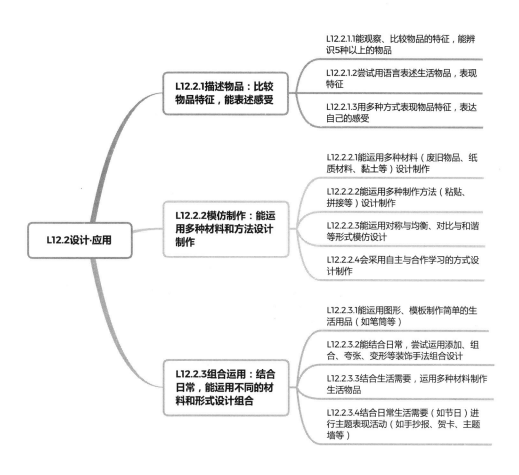

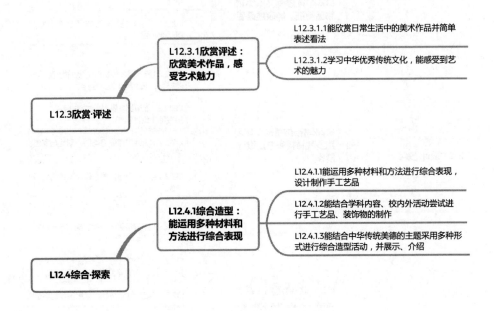

运动与保健

运动与保健课程层级目标体系内容与使用说明

运动与保健课程层级目标体系是根据国家 2016 年发布的《国家课标》运动与保健课程的目标体系进行因地制宜的调整和细化编制而成,形成切合培智学校学生实际情况的教学目标体系。课程层级目标重视改善学生的运动能力,激发学生的运动兴趣,引导学生掌握运动与保健的基础知识和技能方法,提高学生的体能,为终身体育学习和健康生活奠定良好的基础,为学生最终融入社会做好准备。

运动与保健课程层级目标体系内容说明

培智学校运动与保健课程层级目标体系根据学生的运动能力,划分 L4—L12 九个水平,每个水平包含运动参与、运动技能、身体健康、心理健康四个学习领域,再设置二级指标项目,结合教学实践,细化整理出相应的三级目标标准。

运动与保健课程层级目标的设置有很大的选择性。首先,单元目标的呈现采取列举的方式,如 L4.2.2.1 学生能在游戏中做出多种形式走、爬等基本身体活动。在实际教学中,为达到同一学习目标,教师可以选择不同的教学内容。其次,重视民族与民间传统体育、特奥运动和融合运动,结合闽南传统文化和学生实际需要,将这些体育项目融入课堂,不同地域的教学可选择本土化的目标内容。最后,重视培智学生的功能性训练,增强学生的平衡性、力量、速度、柔韧性等身体素质,如 L4.3.3.1 学生能完成简单的平衡能力练习,可根据学生的实际情况选择相关的练习目标。运动与保健课程层级目标既面向全体,又满足学生的个别化需求。

运动与保健课程层级目标体系结构说明

第一,纵向能力水平特点。

运动与保健课程层级目标具有伸缩性,层级目标由易到难,向下延伸至基本的活动能力发展，向上延伸至基本运动比赛技能和相关知识的掌握，如下思维导图所示。

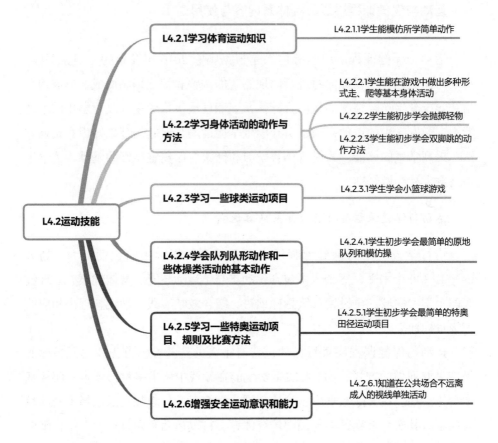

（该图截取自运动与保健课程目标体系水平 L4 级 "运动技能" 领域的目标）

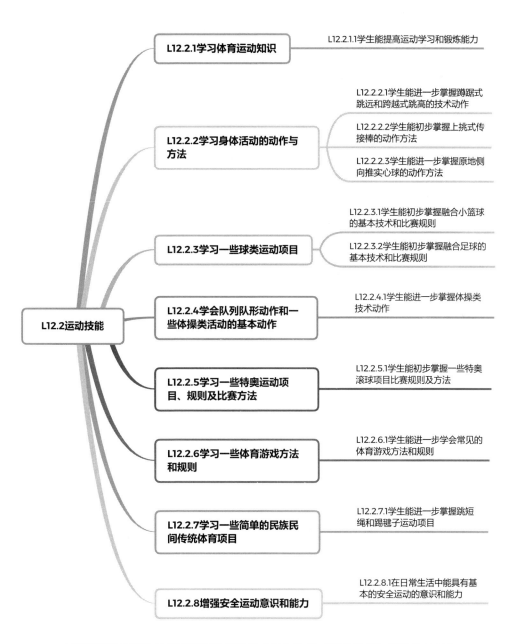

（该图截取自运动与保健课程目标体系水平 L12 级"运动技能"领域的目标）

在教学实践过程中，由于同一学段的学生个体差异显著，为满足不同学生的学习需求，教师可按照评估出来的学生个体实际情况链接到相对应的能力水平，参考相应的目标指标制订个别化教育计划、学科计划和课时计划，据此选择相应的教学内容和策略手段。

第二，横向层级目标内容特点。

培智学校运动与保健课程层级目标中，一级指标为运动参与、运动技能、身体健康和心理健康四大学习领域；二级指标为学习领域下的目标指标项目，可为制订个别化教育计划学年目标提供参考；三级指标可作为单元或主题教学目标参考。在实际教学中，为达成学习目标，教师可选择不同的教学内容。横向层级目标内容如下图所示。

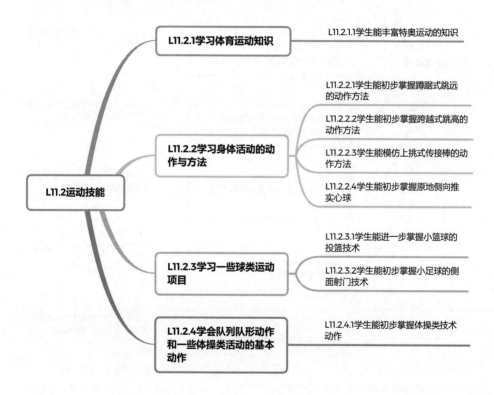

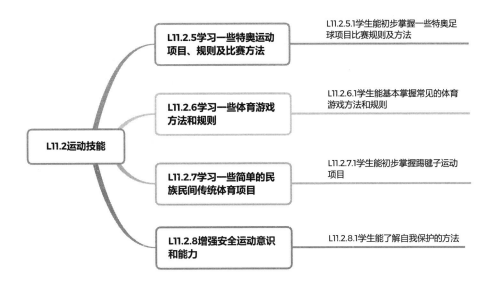

（该图截取自运动与保健课程目标体系水平 L11 级"运动技能"领域的目标）

运动与保健课程目标体系的使用说明

运动与保健课程性质明确界定了"运动"和"保健"的含义。运动是指走、跑、跳、投等多种形式的体育活动。保健是指通过合理的运动，达到保养身体、减少疾病、保护和增进人体健康的综合性措施。该课程是以身体练习为主要手段，以学习运动与保健知识、技能和方法为主要内容，以保护和增进学生身心健康、开发潜能、促进功能康复和补偿、培养学生终身体育意识和社会适应能力为主要目标的一般性课程。目标体系设置了四个领域，彼此相辅相成，但只能通过练习来实现。

关于运动参与方面的目标：让学生在教师的指导下参加运动与保健课和课外体育活动，能初步建立课堂常规和运动保健意识，能在引导下体验运动的乐趣，能表达自己运动后的感受，能观察并评价，能感知运动与保健学习的重要意义，能表达出锻炼后的观点与态度，能进一步认识运动的价值。逐层递进，指明学生在运动参与中应达到的层次要求，从而便于在课程实施中采取相应的措施。

关于运动技能方面的目标：内容选择由易到难，符合运动学科规律以及学生身心发展规律，由低水平的简易动作技能等项目目标到较高水平的技术性较强的项目目标。在学生技能的掌握程度情况表述上采用"能初步掌握、能进一步掌握、巩固掌握"等词语区分与要求。通过技能学习，培养孩子终身体育的习惯。

关于身体健康方面的目标：掌握基本运动保健知识和方法，塑造良好的体形和身体姿势，全面发展体能，提高适应自然环境的能力。这四个方面针对不同的水平提出不一样的目标，符合体育面向全体学生的要求，并且采用"能在指导下初步掌握、能初步建立、能知道、能初步了解、能进一步"等词语进行不一样的目标界定。

关于心理健康方面的目标：体现在培养良好的意志品质、学会调控情绪方法、形成合作意识与能力、具有良好的体育道德四个方面，针对不同能力水平的学生做出不同的要求。采用不同的要求对学生进行学习程度的区分：能在指导下尝试、能体验、愿意参加、初步了解、敢于面对、能表达、能合作、能表现出良好道德、能吃苦等。通过运动与保健课程，让学生有良好的意志品质，敢于表达意见。

运动与保健课程层级目标

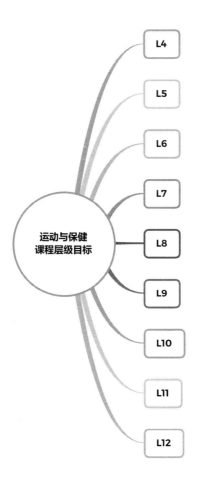

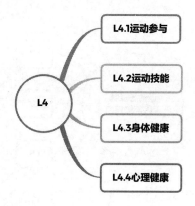

```
L4.1运动参与 ── L4.1.1参与体育运动学习和锻炼 ── L4.1.1.1学生能初步了解运动与保健课堂常规
```

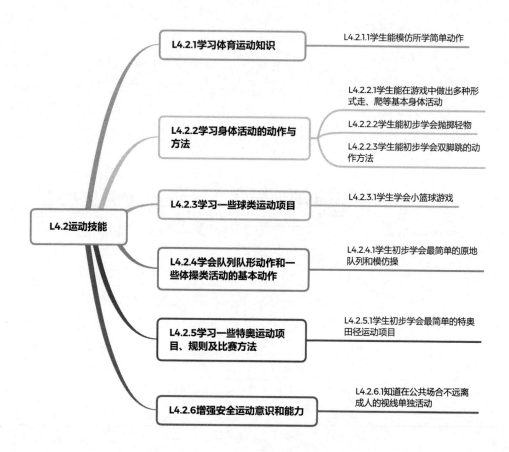

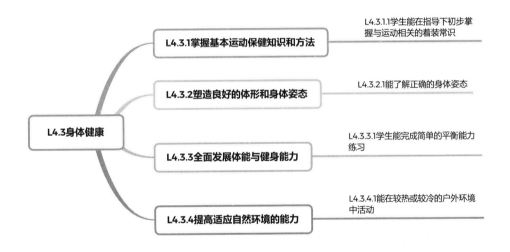

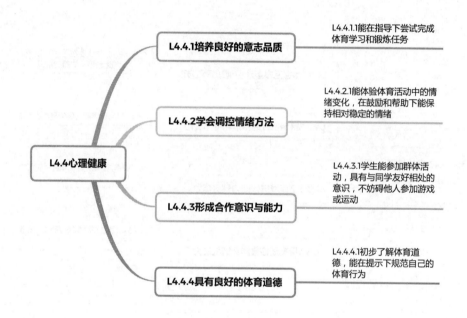

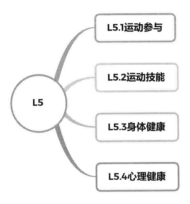

第三部分 培智学校课程层级目标及使用说明 ◆ 321

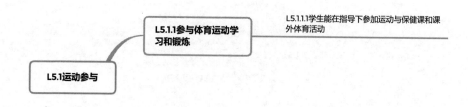

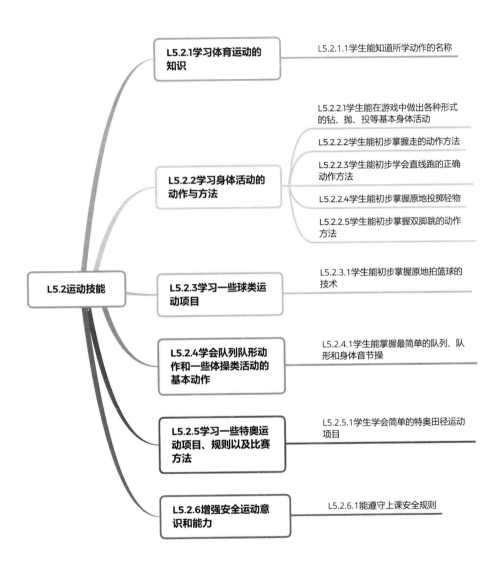

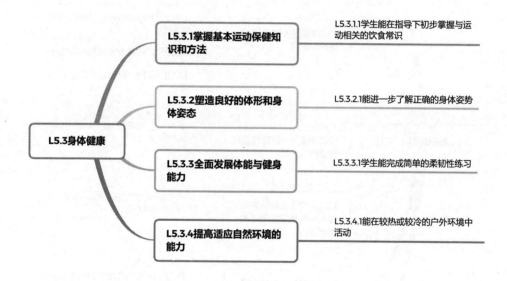

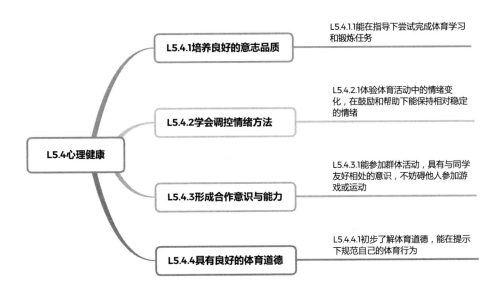

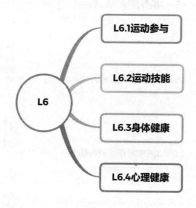

```
L6.1 运动参与 ── L6.1.1 参与体育运动学习和锻炼 ── L6.1.1.1 学生能初步建立课堂常规和运动保健意识
```

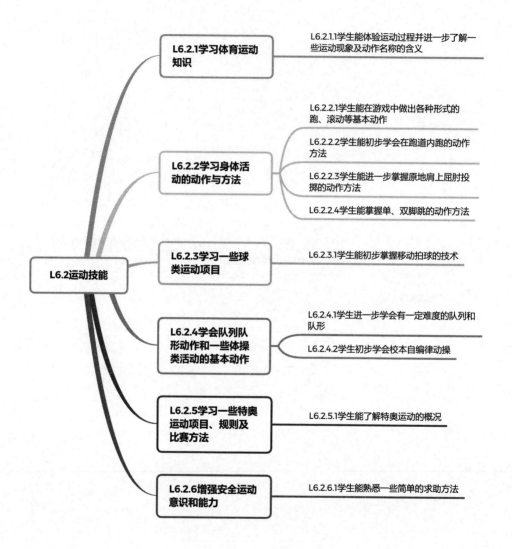

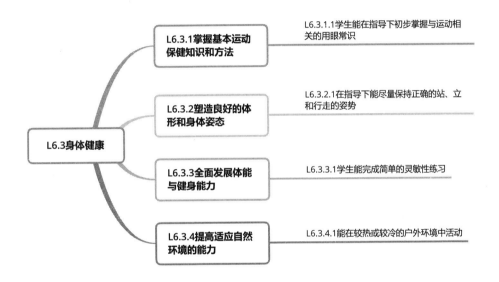

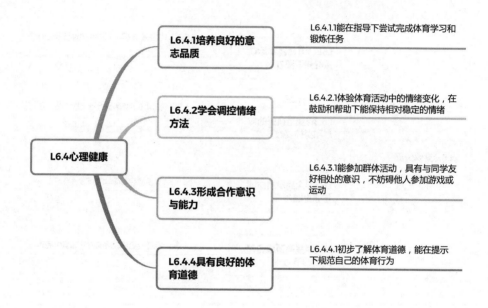

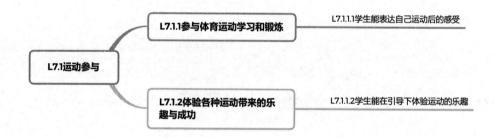

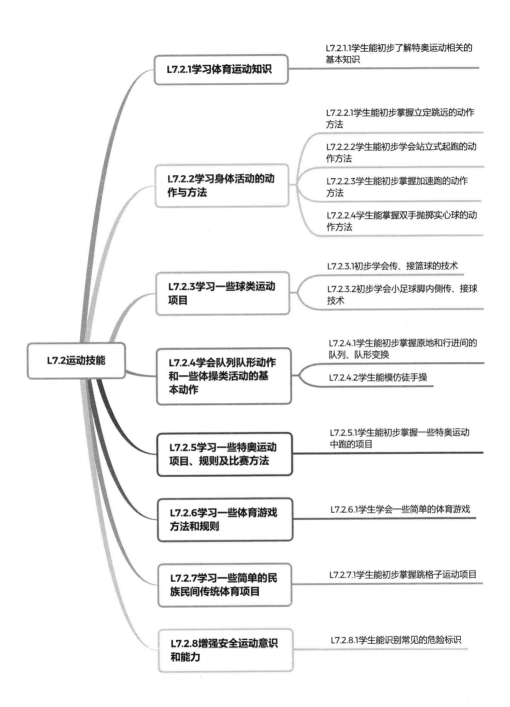

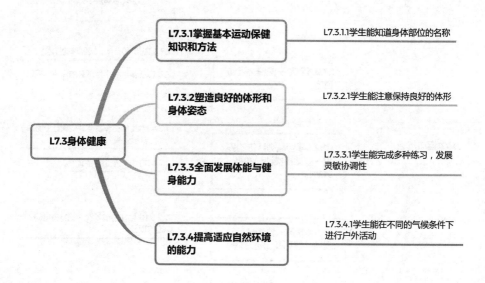

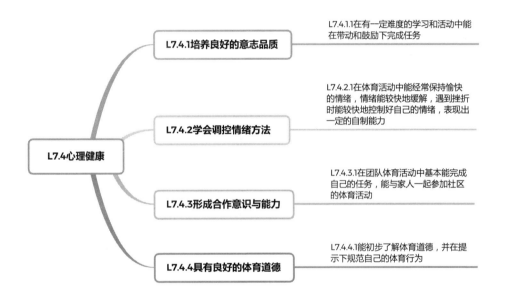

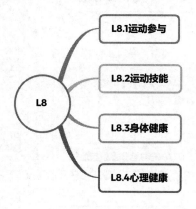

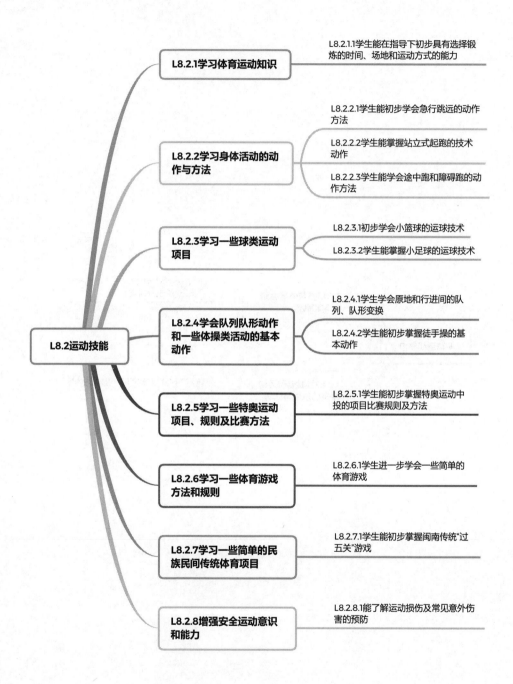

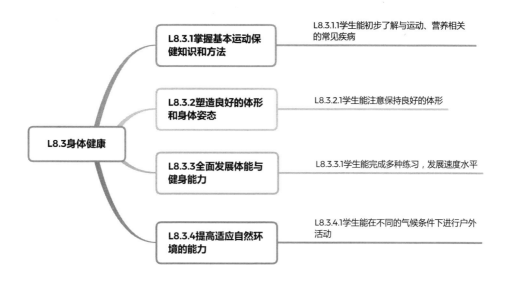

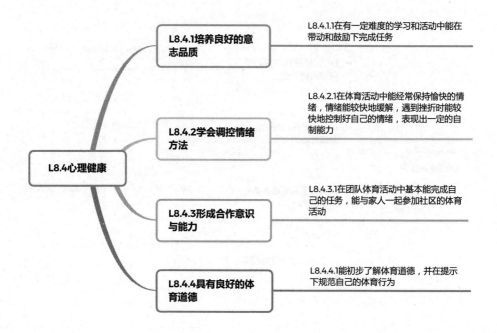

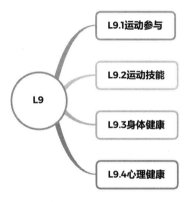

第三部分 培智学校课程层级目标及使用说明 ◆ 341

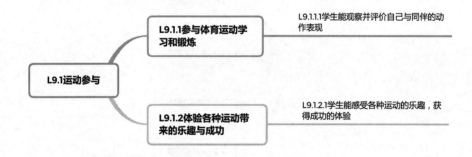

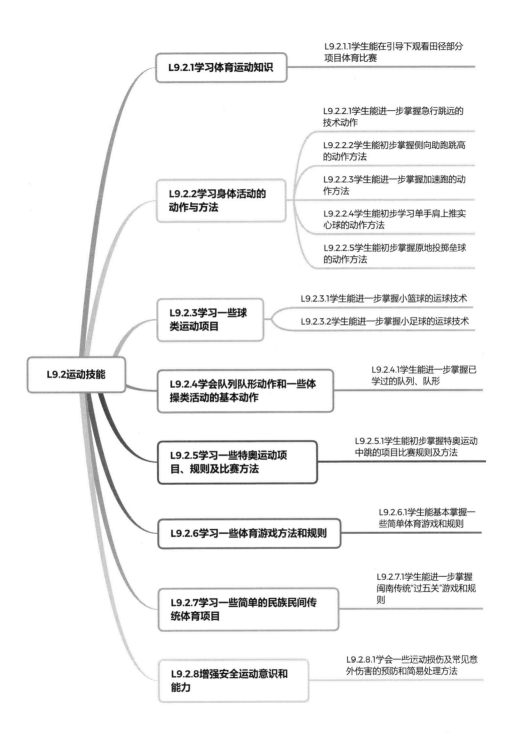

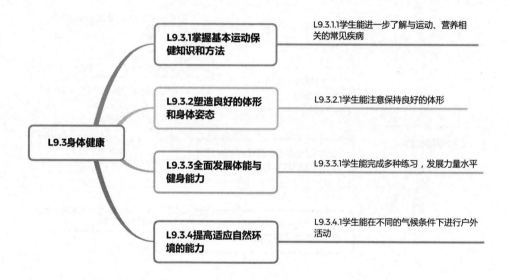

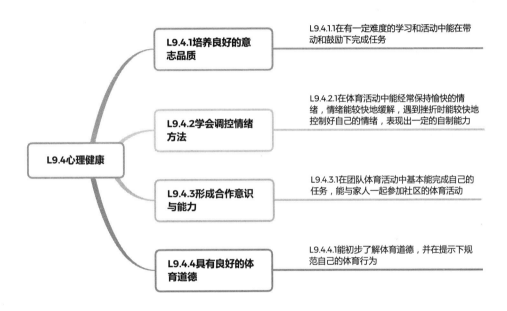

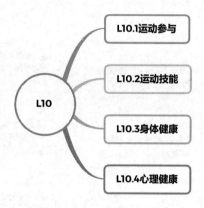

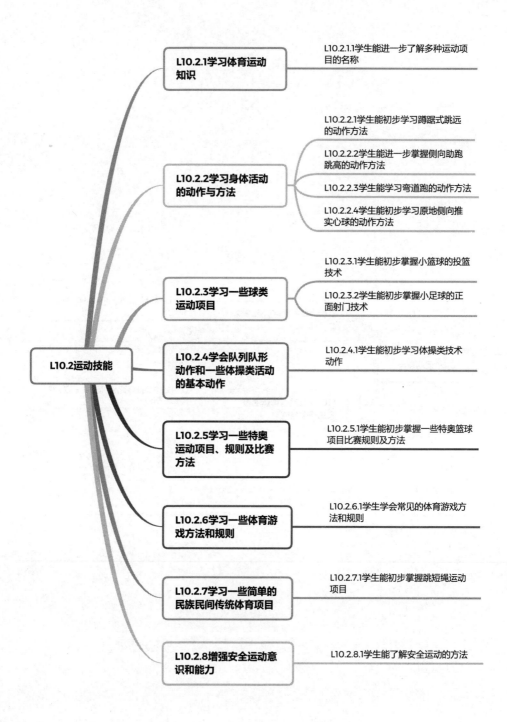

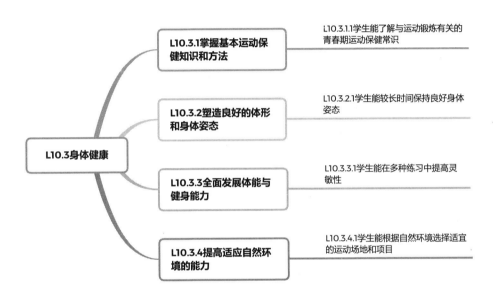

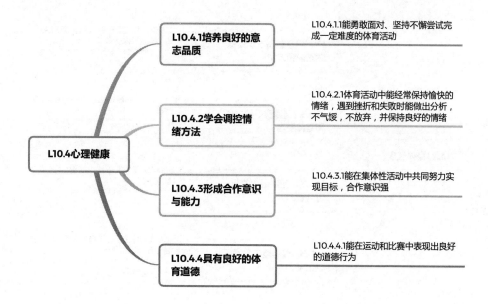

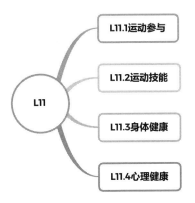

第三部分　培智学校课程层级目标及使用说明

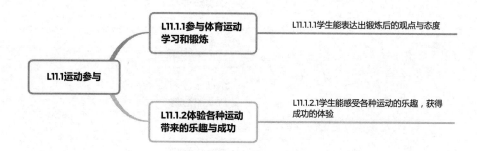

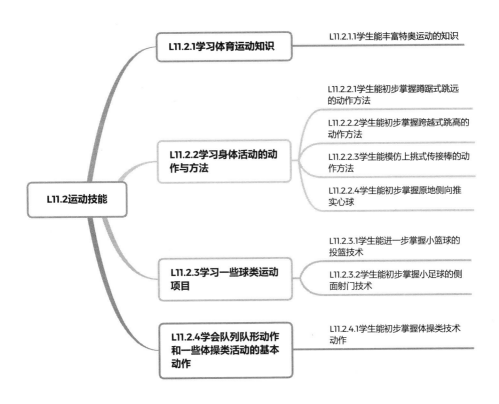

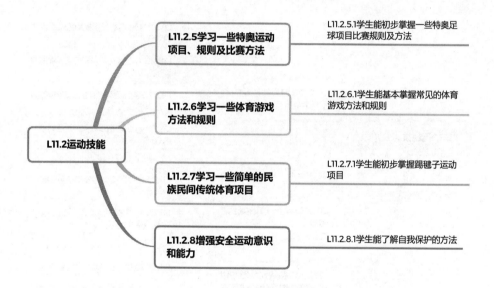

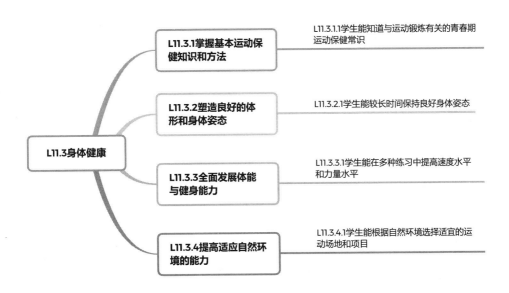

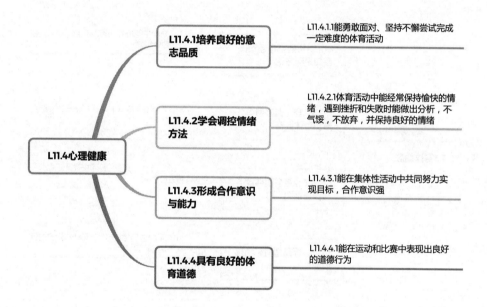

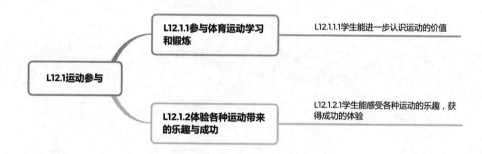

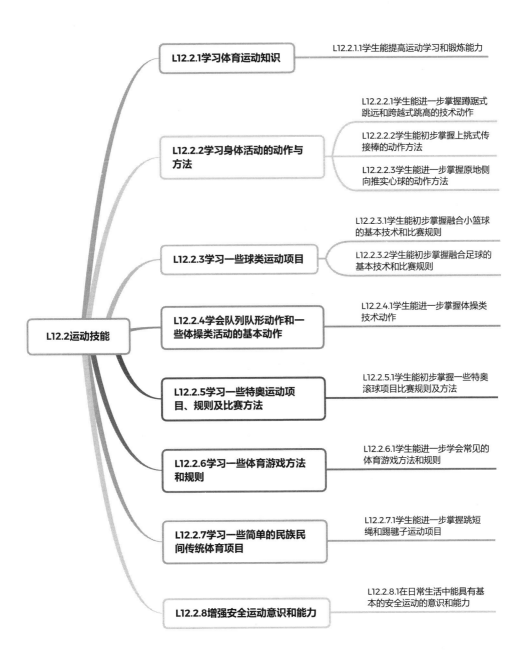

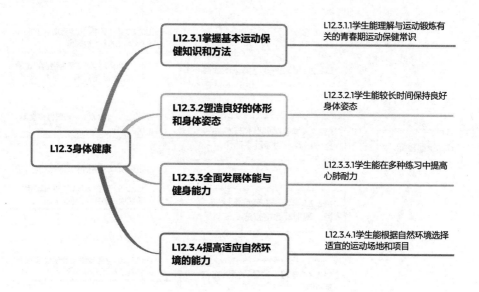

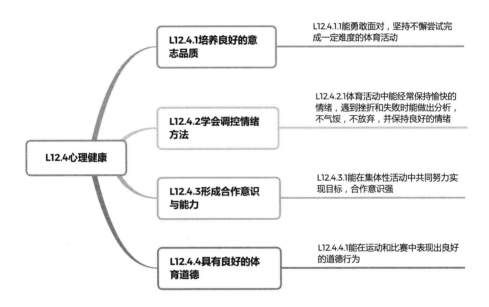

信息技术

信息技术课程层级目标体系内容与使用说明

信息技术课程层级目标体系（以下简称"目标体系"）是以《国家中长期教育改革和发展规划纲要（2010—2020年）》以及《特殊教育提升计划（2017—2020年）》文件要求为指导，以落实教育部发布实施的《国家课标》信息技术课程标准（以下简称）为依据，通过借鉴国内外特殊教育信息技术课程相关资料，融汇普通教育与特殊教育的信息技术课程目标体系研究成果，广泛征求专家学者以及一线教师的意见建议，结合培智学校学生的身心发展特点和发展需求编制而成。

目标体系的内容体现了较好的时代性、科学性、适应性、工具性，在结构上，以分层级、分模块、分主题的形式呈现。

信息技术课程层级目标体系的内容说明

第一，目标体系具有时代性。

随着《国家课标》的颁布，特殊教育课程改革进入新时期。新时期下的培智学校信息技术课程有了新要求、新特点以及新使命。信息时代下的社会发展，信息技术成为连接信息与生活的重要纽带，目标体系的研制具有鲜明的时代特点，体现地域特点和校本特色，较好地为教师提供了新时代培智学校信息技术课程的学习目标、学习内容、教学思路等。

第二，目标体系具有科学性。

目标体系在研究过程中采用文本分析法、德尔菲法、行动研究法、数据统计分析法等，科学开展研究。研制初期，在进行国内外相关文献研究的基础上，形成目标体系初期研制思想，确定研究方向，结合一线教师、专家学者的建议，搭建研究的理论框架，梳理逻辑结构，制订研究计划。研究过程中，聘请专家学者给予指导，以课题项目研究组的形式，开展主题讲座、会议讨论、论证修订等，不断完善研究思路，丰富体系内容，具有较科学的学术理论基础。形成目标体系初步内容后，采用德尔菲法，收集专家对指标重要性和适应性的评分，通过严谨的数据统计分析，对每条指标进行量化分析，根据分析结果增减及修订指标内容，具有较强的科学性与合理性，形成系统、科学、规范、严谨的目标体系。

第三，目标体系具有适应性。

目标体系围绕国家课标，遵循国家的教育方针而制订，指向学生发展，注重潜能开发与缺陷补偿，旨在满足特殊学生适应生活、融入社会、提升生活质量的需要。通过目标体系框架和具体目标描述，为一线教学提供课程教学内容和目标的整体框架与实践思路，为课堂教学目标的制订、教学内容的选择以及教学方法的确定，提供了可直接参考使用的依据。科学的目标体系，为课堂教学评价、学生发展水平评价等提供了清晰的评判依据。由省内外一线骨干教师、高校专家学者组建的研制团队，将理论研究与实践经验较好地运用于指标体系制订与修订中，进一步提高目标体系的实用性和适应性，可为广大培智学校教师直接使用。

第四，目标体系具有工具性。

培智学校的信息技术既是一门特殊学生学习的具体课程，又是一项实用工具。目标体系的编制，旨在推动特殊学生学习学科知识的同时，通过使用信息技术学科所学内容，发挥工具性，改变生活、学习、工作方式，以改善生活，提高生活品质，实现幸福美好生活。目标体系通过信息意识、知识与技能、信息安全、学习与工作、沟通交际、资源使用、自我管理、自我休闲、自我创造九个发展领域的目标设置，实现学生掌握信息技术工具，培养信息素养，形成信息安全意识，并通过运用信息技术资源、休闲娱乐、自我创造，实现自身价值。学生通过信息技术，辅助其他学科学习，发挥代偿功能，减少环境限制，提高培智学校学生、随班就读学生及其他有特殊教育需要的残障儿童进行学习的可能性和效果。

信息技术课程层级目标体系的结构说明

第一，目标体系的内容结构。

目标体系包含信息技术课程层级目标体系内容和使用方法的说明，通过思维导图的形式呈现目标指标，结构化地呈现学科课程目标体系的结构关系和各层级、各模块、各目标指标间的逻辑关系。

第二，目标体系的结构特点。

目标体系充分体现培智学校信息技术课程设计的整体性和层次性。根据《国家课标》"身边的信息技术""计算机的应用"和"计算机网络的应用"三部分的主要内容及具体目标，结合培智学校学生发展特点和需求，按"信息素养""生活实践""自我实现"三个维度，对国家课标进行整合归类，形成一级目标指标，把国家课标内容加以补充拓展和细化，梳理出二级、三级目标指标，形成信息技术课程目标体系。

第三，纵向能力水平特点。

纵向层级指学生能力水平，包含L4—L12九个等级，未经细化、重整的信息技术课标较为宽泛。教学过程中，为了更切合学生发展需要，在国家课标的基础上，对目标指标进行调整和细化，并按照学生发展规律与能力水平变化，划分出九个层级。教师可依据目标体系的基本框架，在个别化教育计划的制订、实施与评价过程中，灵活采用、调换适合学生能力表现水平的具体指标。以目标体系为参考，制订学科计划、课时计划，选择相应的教学内容和策略手段。L1—L3水平为部分因极重度残障而在某些学习领域无法达成国家课标的学生预留目标空间。为此，依据学生能力水平，按从感知到运用、从基础到拓展、从知识学习到能力培养、从学科学习到自我实现的思路，进行L4—L12的目标指标编制。不同水平的目标难度要求有所不同，整体呈现为由L4向L12难度逐步递进的特点。L12以上不设上限，为在某些学习领域具有突出发展潜能的学生预留更高水平的学习目标空间。纵向能力水平是一个半开放的结构。

第四，横向目标内容层级特点。

横向层级指不同学习领域的层级目标内容。思维导图中的一级指标指学习领域；二级指标指学习领域下的目标指标项目，可作为个别化教育计划长期目标参考；三级指标是细化的各目标指标项目的具体标准，可作为单元或主题教学目标参考。

信息技术课程层级目标体系的使用说明

目标体系有机整合国家课标中身边的信息技术、计算机的应用和计算机网络的应用三部分的主要内容及目标，结合学生的能力发展及信息技术学习规律，进行重新归整、系统整合、科学编制，可以帮助教师便捷、合理、有效地确定教学目标。教学实践中，可依据学生实际发展水平，参考目标体系内容，系统选择，有机组合，确定适合培智学校学生发展需求的课程目标，并在实践运用中形成评价标准作为教学参考，进而在评估的基础上确立下一步的教学目标，提高信息技术教学的有效性。

在教学实践中运用目标体系，可完善教材内容，建立配套的教学资源。整合国家课标、地域和校本资源，开发与利用课程资源，为教学资源体系构建、特色学校建设奠定了基础。

信息技术课程层级目标

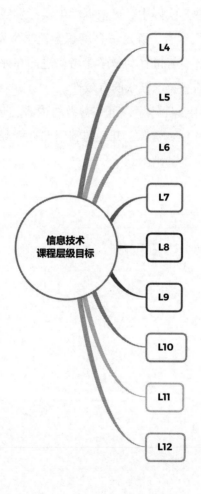

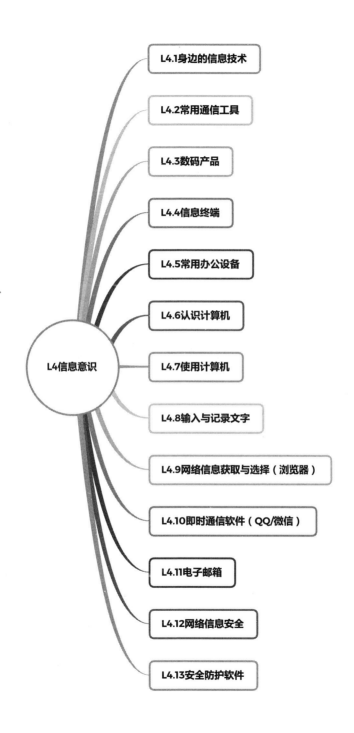

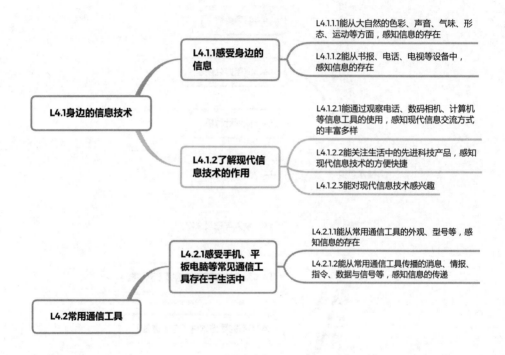

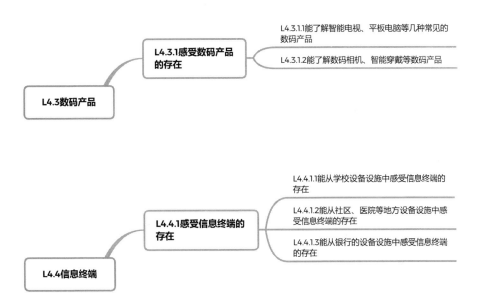

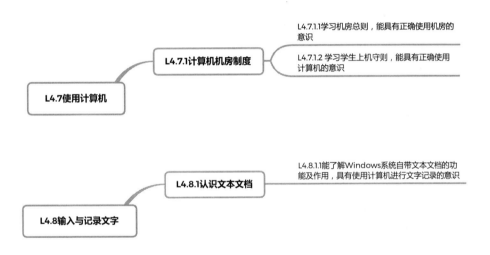

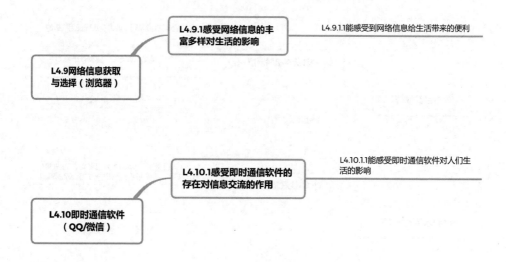

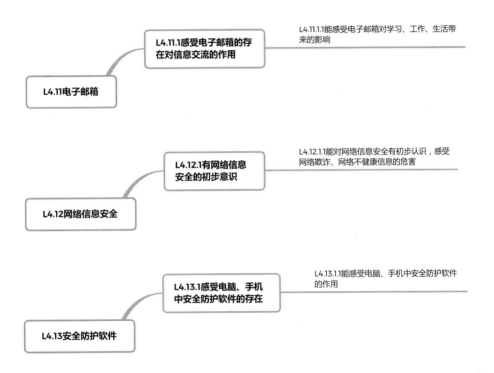

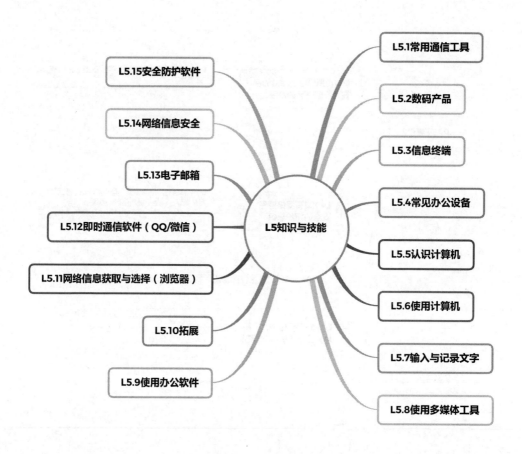

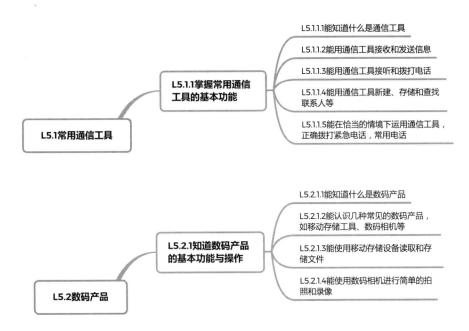

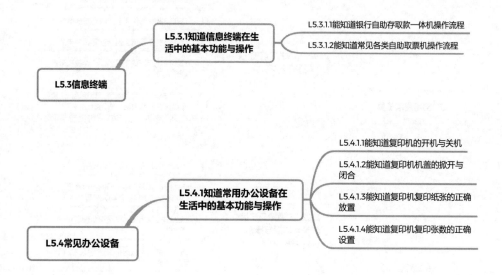

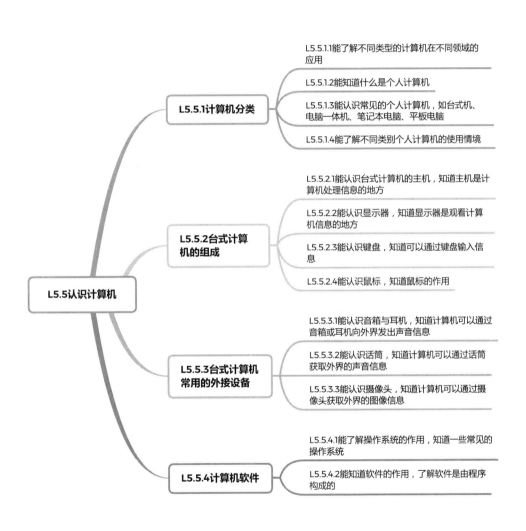

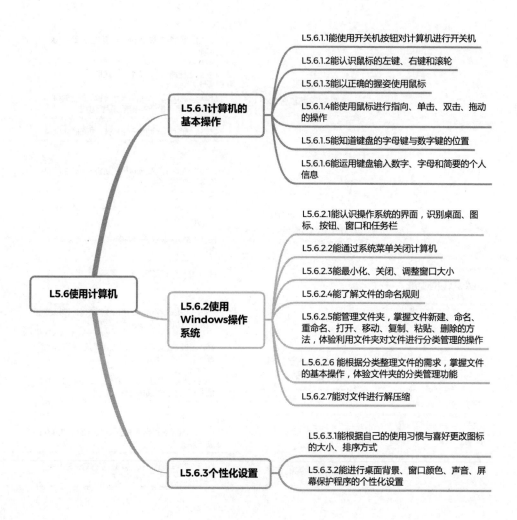

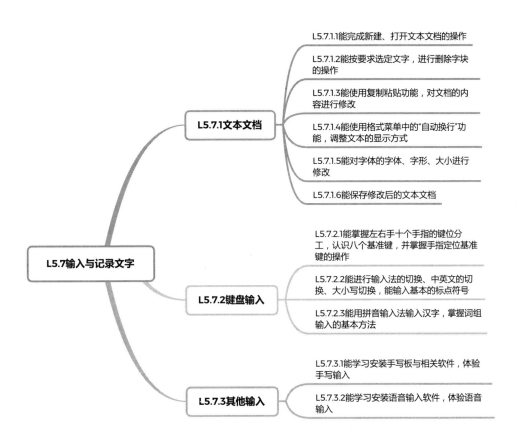

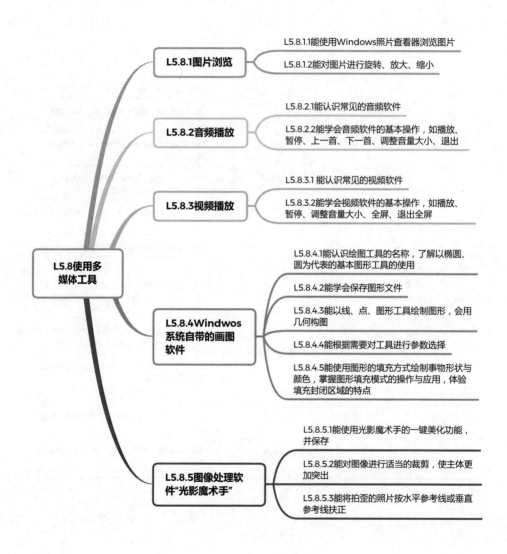

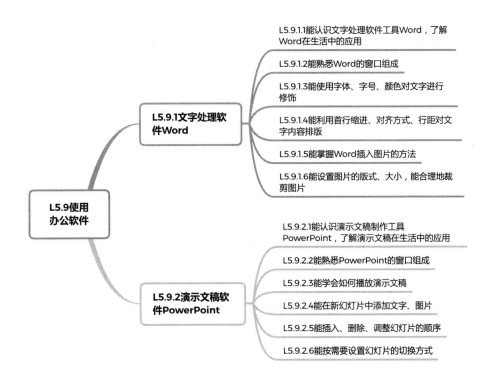

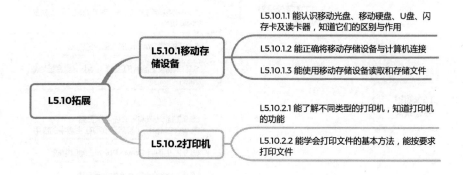

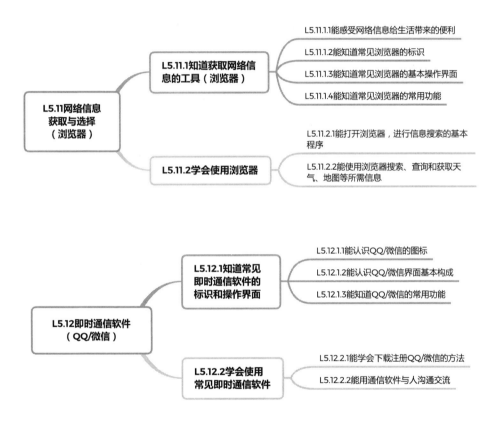

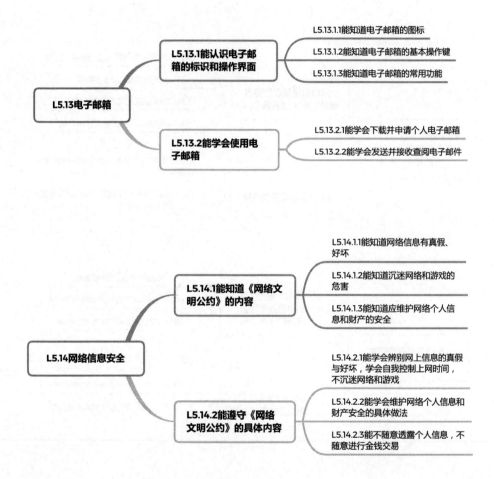

```
                                ┌──────────────────────────┐
                                │ L5.15.1能知道电脑、手     │      L5.15.1.1能知道常见安全防护软件的图
                                │ 机中常见安全防护软件     │──────标、基本操作键
                                │ 的标识及其操作界面       │
                                └──────────────────────────┘
┌──────────────────┐
│ L5.15安全防护软件 │
└──────────────────┘
                                ┌──────────────────────────┐
                                │ L5.15.2能学会下载安      │      L5.15.2.1能下载常见安全防护软件并能
                                │ 全防护软件，学会防护     │──────运用基本防护功能
                                │ 软件的简单操作           │
                                └──────────────────────────┘
```

第三部分　培智学校课程层级目标及使用说明

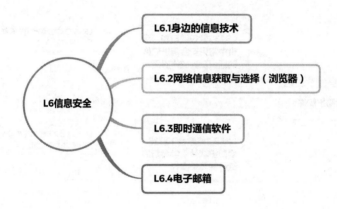

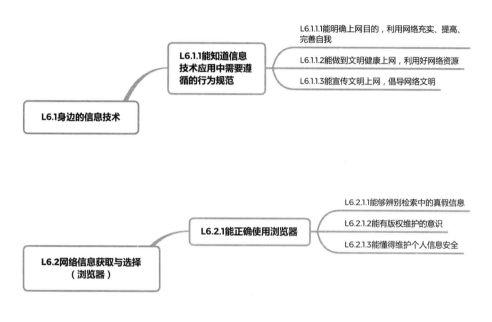

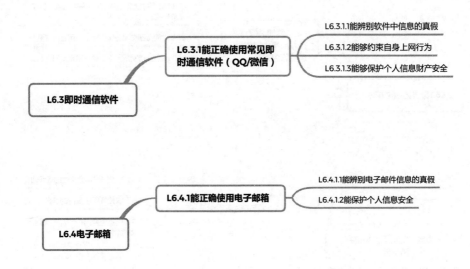

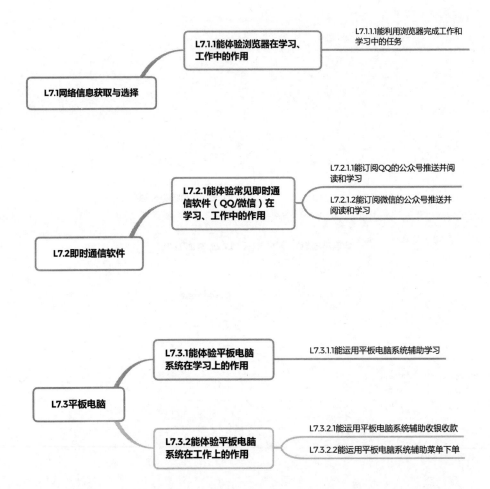

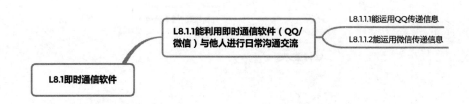

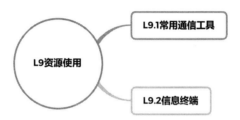

第三部分 培智学校课程层级目标及使用说明

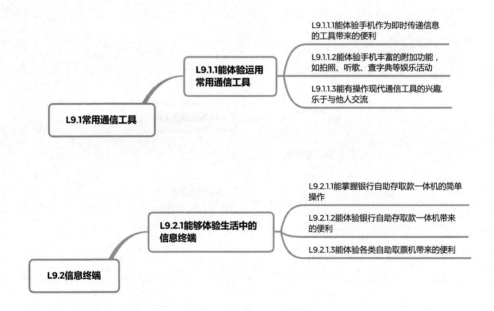

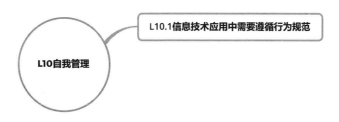

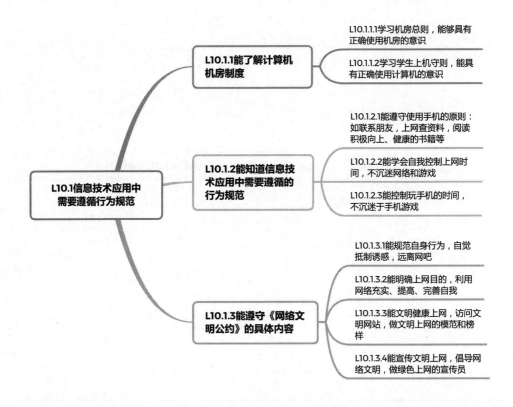

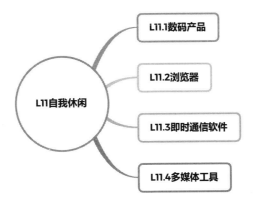

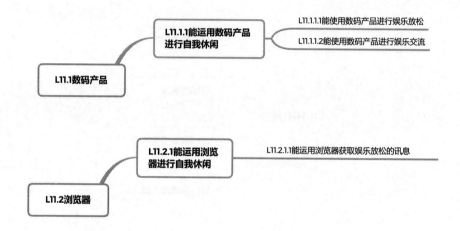

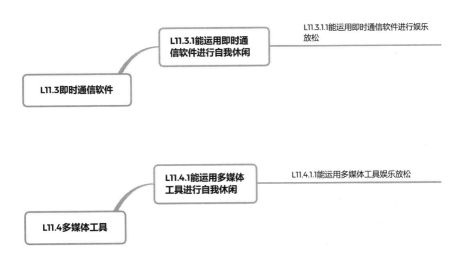

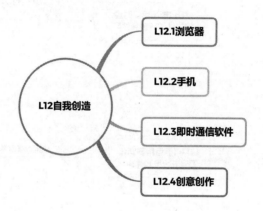

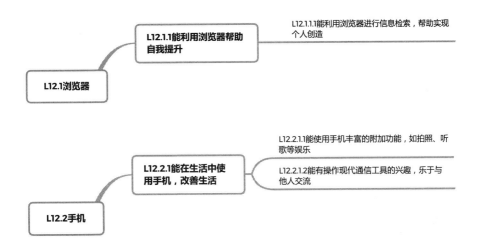

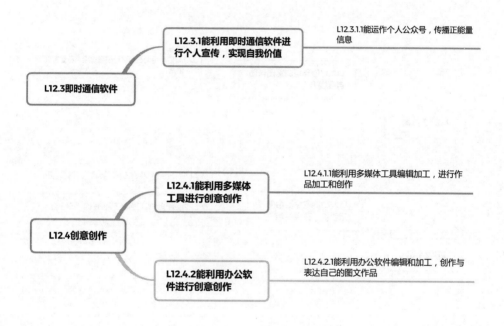

参考文献

1. 许家成.培智学校义务教育课程标准的基本特点［J］.现代特殊教育，2017（1）：8—9.

2. 柳笛，龚伊娜，陈银花.《培智学校义务教育生活数学课程标准（2016年版）》解读［J］.现代特殊教育，2017（10）：21—24.

3. 洪佳琳.《培智学校义务教育生活语文课程标准（2016年版）》解读［J］.现代特殊教育，2018（1）：24—28.

4. 中华人民共和国教育部.培智学校义务教育生活语文课程标准（2016年版）［S］.北京：人民教育出版社，2018.

5. 中华人民共和国教育部.义务教育语文课程标准（2011年版）［S］.北京：北京师范大学出版社，2012.

6. 中华人民共和国教育部.3—6岁儿童学习与发展指南［M］.北京：首都师范大学出版社，2012.

7. 李宝珍，等.双溪个别化教育课程［M］.重庆江津市向阳儿童发展中心，1986.

8. 卢台华，林燕玲，柯懿真，林瑞吟.高级中等下学校特殊教育课程大纲暨相关配套实施与应用手册［M］.台北：台湾师范大学出版社，2013.

9. 陈云英.智力落后课程与教学［M］.北京：高等教育出版社，2007.

10. 北京市朝阳区培智教育课程编写组.义务教育课程标准评量标准手册［M］.天津：天津教育出版社，2011.

11. 协康会.儿童发展评估表（修订版）[M].http://www.clocin.com/p-71182791.html.
12. 中华人民共和国教育部.培智学校义务教育生活数学课程标准（2016年版）[S].北京：人民教育出版社，2018.
13. 柳笛.培智学校数学课程与教学[M].上海：华东师范大学出版社，2016.
14. 中华人民共和国教育部.义务教育数学课程标准（2011年版）[S].北京：人民教育出版社，2018.
15. 雷江华，方俊明.特殊教育学[M].北京：北京大学出版社，2011.
16. 朴永馨.特殊教育辞典[M].北京：华夏出版社，2006.
17. 中国特殊教育年鉴编辑部.中国教育年鉴（2003）[M].北京：人民教育出版社，2003.
18. 顾渊彦.基础教育体育课程改革——21世纪体育课程改革丛书[M].北京：人民体育出版社，2004.
19. 刘解军.新课程改革评价与新标准解读分析实用全书[M].哈尔滨：黑龙江科学技术出版社，2003.
20. 中华人民共和国教育部.培智学校义务教育课程设置实验方案[Z].2007.
21. 陈理宣.教育学原理：理论与实践[M].北京：北京师范大学出版社，2013.
22. 中华人民共和国教育部.培智学校义务教育生活适应课程标准（2016年版）[S].北京：人民教育出版社，2018.
23. 全日制培智学校教材编委会.全日制培智学校教师教学用书（试用版）生活适应[M].北京：人民教育出版社，1994.
24. 中华人民共和国教育部.培智学校义务教育劳动技能课程标准（2016年版）[S].北京：人民教育出版社，2018.
25. 赵树铎.特教学校劳动技术与职业教育概论[M].天津：天津人民出版社，2000.
26. 全日制培智学校教材编委会.全日制培智学校教师教学用书（试用版）劳动技能（低年级）[M].北京：人民教育出版社，1993.
27. 全日制培智学校教材编委会.全日制培智学校教师教学用书（试用版）

劳动技能（中年级）[M].北京：人民教育出版社，1993.

28. 全日制培智学校教材编委会.全日制培智学校教师教学用书（试用版）劳动技能（高年级）[M].北京：人民教育出版社，1994.

29. 魏英杰.《培智学校义务教育劳动技能课程标准》解读[J].现代特殊教育，2018（6）：34—36.

30. 中华人民共和国教育部.义务教育音乐课程标准（2011年版）[S].北京：北京师范大学出版社，2012.

31. 中华人民共和国教育部.培智学校义务教育唱游与律动课程标准（2016年版）[S].北京：人民教育出版社，2018.

32. 李小峰.奥尔夫音乐治疗中的关键概念[M].北京：中国传媒大学出版社，2014.

33. 沈剑娜.《培智学校义务教育唱游与律动课程标准》解读[J].现代特殊教育，2018（3）：36—38.

34. 中华人民共和国教育部.培智学校义务教育绘画与手工课程标准（2016年版）[S].北京：人民教育出版社，2018.

35. 中华人民共和国教育部.全日制义务教育美术课程标准（实验稿）[S].北京：北京师范大学出版社，2001.

36. 王辉.培智学校义务教育课程标准解读[EB/OL].https://wenku.baidu.com/view/8de9456aa76e58fafab00380.html.

37. 赵艳霞.《培智学校义务教育绘画与手工课程标准》解读[J].现代特殊教育.2018（17）.

38. 何莉丽.浅谈多元评价体系在小学美术教学中的应用[J].新课程·小学，2013（6）.

39. 黄兰萍.浅析2011新课标背景下的美术教学多元化评价[J]中国校外教育·综合（上旬），2013（11）.

40. 周春花.美术教育的文化转向[M].重庆：西南师范大学出版社，2018.

41. 江丽亚，张世英.特殊教育师范院校学前教育专业美术课程设置研究[J].美术教育研究，2015（21）：114—115.

42. 章永.特殊教育学校课程本位评估的操作性初探[J].乐山师范学院学报，

2012（10）：128—130．

43．黄瑞珍．优质 IEP- 以特教学生需求为本位的设计与目标管理［M］．台北：心理出版社股份有限公司，2007．

44．庹祯平．核心素养视角下小学美术教学评价体系建构与实践［J］．美术教学研究，2017（12）：177—178．

45．金梅，高飞，马勇．基于 ICF 构建特殊体育教育课程体系与内容［J］．中国康复理论与实践，2014（6）：20—23．

46．阮力．特殊学校体育课程内容资源开发拓展的研究［J］．绥化学院学报，2015（1）：129—133．

47．蒋建国，柴国荣．培智学校体育课程设置的思考［J］．体育文化导刊，2016（10）：147—151．

48．郭天祥．培智学校低年级体育教学内容的开发与运用［D］．北京：首都体育学院，2017．

49．屈美丽．特教学校培智类体育课堂基本动作技能学习实验研究［D］．北京：北京体育大学，2017．

50．全日制培智学校教材编委会．全日制培智学校教师教学用书（试用本）［M］．北京：人民教育出版社，2012．

51．中华人民共和国教育部．培智学校义务教育运动与保健课程标准［S］．北京：人民教育出版社，2018．

52．陈凯鸣，曹丽敏．体适能：启智学校课程理念下的实践［M］．上海：上海社会科学院出版社，2016．

53．陆瑾，黄建中．《培智学校义务教育运动与保健课程标准》解读［J］．现代特殊教育，2018（7）：13—16．

54．申承林．基于信息技术的智障教育课堂有效教学探索［J］．教育信息技术，2018（3）：30—33．

55．阮笑笑．特教信息技术课堂的有效教学策略探讨［J］．文理导航（下旬），2018（2）：16．

56．朱丽庆．信息技术学科的特殊教育校本资源库的建设研究——以中山市特殊教育学校为例［J］．教育信息技术，2018（Z1）：64—66．

57. 刘明清.智障儿童融合教育常用教学法概述[J].课程教育研究,2017(40):193—194.

58. 高太山.浅谈特殊教育学校信息技术课程的整合[J].中华少年,2016(30):157—158.

59. 张艳.让信息技术课程在特教学校"遍地开花"——探究特殊教育学校信息技术课程教学效率之提升策略[J].现代职业教育,2016(26):80.

60. 张亚珍.信息技术环境下融合教育课堂互动研究[J].辽宁广播电视大学学报,2015(4):42—43.

61. 刘峰.基于智力障碍学生特点的信息技术课程开发研究[D].苏州:苏州大学,2015.

62. 马兰花,石学云.培智学校信息技术校本课程开发的现状研究[J].现代特殊教育,2015(4):37—40.

63. 陈叶.信息技术课程开发与教材分析研究[D].吉林:东北师范大学,2013.

64. 肖伟.建构主义在特殊教育学校信息技术课程中的应用研究[J].商业文化(下半月),2011(12):231.

65. 曹娇玲.聋校信息技术课程特点与教学模式探究[J].中小学实验与装备,2011(4):11—12.

66. 朱微.信息技术与课程整合在特殊教育中的应用及意义[J].新课程(下),2011(5):101.

67. 陶建华.浅谈培智学校信息技术教学的有效策略[J].现代特殊教育,2011(2):29—30.

68. 陶建华.特殊教育学校信息技术课程边缘化成因探析及对策研究[J].中国教育信息化,2010(20):40—42.

69. 伍志刚.多媒体技术在智障教育校本课程开发中的应用研究[D].昆明:云南师范大学,2008.

70. 林锦堂.听障生信息技术课程设置的实践研究[J].科技信息(科学教研),2008(9):299—300.

71. 杨宁春.聋校信息技术课程分析与研究[D].吉林:东北师范大学,2006.

后记

　　第二期特殊教育提升计划发布实施，特殊教育的春风再次吹遍祖国大地。在这股春风中，本书应运而生。它虽不尽完善，但通过教学实践中的试用，我们体验到本书中的课程目标体系能为培智学校教学管理和一线教学提供较大帮助。落实《第二期特殊教育提升计划（2017—2020年）》提出的"加强特殊教育学校教材和教学资源建设，推进课程教学改革"和"完善特殊教育质量监测制度，探索适合残疾学生发展的考试评价体系"等要求，本书应能有所贡献。

　　本书成稿实属不易，凝聚着编写组全体教师的心血和汗水，特别是编委成员，奉献了很多休息时间。编写过程中，各学科组成员经常线上商量和跨区现场讨论，组间也常在需要的时候互相支持帮助。一年多的努力，我们收获的不仅是这本书，更多的是研究过程中所有参与人员的共同成长，以及整个厦门市特殊教育界向心力的增强。拥有这样团结进取的团队，我们看到了厦门市特殊教育更加美好的明天。

　　各教研组的骨干教师：叶庭辉、叶赟珺、蔡雅惠、王璐、陈素云、王芳、杨翠萍、封文婷、黄朝明、张爱花、苏银艳、黄莹、缪珍、洪影影、李银宁、翁玲玲、金梅、吴云峰、王丽娟、罗兰平、叶腰治、林潺潺、苏玉珊、朱秀芳、邓欢欢、王燕、纪妙玲、尼杨柳、叶慧雅、阮新玉、杨全金、张文雅、颜智娜、郑鸣峥、陈静、周温霞、陈丽琴、戴小红、陶艳玲、胡菁、蔡晓敏、张君、屈美佳、朱燕华、翁茜、张雪珍、黄月玲、杨雅文、王萍萍、张林红、邵家惠、黄添德、林继续、林世末、张小持、杨益平、洪沿份、郑晓玲、陈惠玲、周美英、张丽思、薛雪芸、江莹、庄艳君、刘小攀等参与了本书的编写，在此一并感谢他们无私的付出！

愿厦门的特殊教育事业蒸蒸日上；祝每所特教学校、每位特教人各美其美，美美与共！

李玉影

2019年1月25日

图书在版编目（CIP）数据

图解培智学校课程层级目标体系：特教教师备课指南／李玉影主编．—上海：华东师范大学出版社，2021
ISBN 978-7-5760-1283-5

Ⅰ.①图… Ⅱ.①李… Ⅲ.①特殊教育—教师—教案（教育）—指南 Ⅳ.① G76-62

中国版本图书馆 CIP 数据核字（2021）第 030024 号

大夏书系·教师专业发展

图解培智学校课程层级目标体系
——特教教师备课指南

主　　编	李玉影
策划编辑	朱永通
责任编辑	任媛媛
责任校对	杨　坤
封面设计	柏丰艺术

出版发行	华东师范大学出版社
社　　址	上海市中山北路 3663 号　邮编　200062
网　　址	www.ecnupress.com.cn
电　　话	021－60821666　行政传真　021－62572105
客服电话	021－62865537
邮购电话	021－62869887　地址　上海市中山北路 3663 号华东师范大学校内先锋路口
网　　店	http://hdsdcbs.tmall.com

印 刷 者	北京季蜂印刷有限公司
开　　本	700×1000　16 开
插　　页	1
印　　张	27
字　　数	190 千字
版　　次	2021 年 3 月第一版
印　　次	2022 年 2 月第二次
印　　数	4 101－6 100
书　　号	ISBN 978-7-5760-1283-5
定　　价	75.00 元

出 版 人	王　焰

（如发现本版图书有印订质量问题，请寄回本社市场部调换或电话 021-62865537 联系）